WENDLAND IM WANDEL

NEUE LEBENSENTWÜRFE IN ALTEN HÄUSERN

TEXTE ANJA HUMBURG
FOTOS ANNETT MELZER
IDEE MICHAEL SEELIG

EIN PROJEKT DER **GRÜNEN WERKSTATT WENDLAND** 2016

WARUM DIESES BUCH?

ERFOLG MACHT SÜCHTIG

Als wir – eine kleine Redaktionsgruppe – vor vielen Jahren das Büchlein „Landleben im Wendland" herausgaben, stellten wir darin Gleichgesinnte vor, Freunde und Bekannte. Wie ich selbst waren auch sie allesamt Zugezogene. Uns interessierte, warum sie gekommen und warum sie geblieben waren.

So unterschiedlich die damals Portraitierten auch waren – eins hatten sie alle gemeinsam: sie engagierten sich auf jeweils ganz eigene Weise für ihre Wahlheimat Wendland und spiegelten so die Bandbreite der Möglichkeiten eines erfüllten Landlebens. Sie zeigten ihr persönliches Engagement im Umwelt- und Naturschutz, beim ökologischen Bauen, der Energiewende, der Biolandwirtschaft, im Tourismus, in Kunst und Kultur. In diesem Buch wurde ein soziales Netzwerk sichtbar, das im Widerstand gegen die Atomanlagen in Gorleben seinen Ursprung hatte und hat. Seit kurzem nun ist Landleben im Wendland vergriffen. Das freut mich, denn die Arbeit hat sich gelohnt. Um so mehr, als ich auch heute noch immer wieder von Menschen erfahre, dass ihnen ein kleines blaues Buch – meist ein Geschenk von Freunden – den Weg ins Wendland gewiesen hat.

„Ich lebe gern hier, seit über 30 Jahren. Es ist meine – unsere – Heimat geworden." So schrieb ich damals im Vorwort. Daran hat sich auch nach über 40 Jahren nichts geändert. Nur dass ich älter geworden bin. Dem demografischen Wandel begegne ich im Wendland auch auf der Straße. Ich bin umgeben von Gleichaltrigen. Alter, Erfahrung und Weisheit haben hier Gewicht. Das ist schön und gut, und die Bertelsmannstiftung schlägt der Politik und der Verwaltung deshalb den altengerechten Rückbau der Infrastruktur vor. Ich sehe das anders:

JUNGE MENSCHEN BRAUCHT DAS LAND

Schon jetzt ziehen mehr von ihnen ins Wendland als weg. Trotzdem schrumpft die Bevölkerung Jahr für Jahr um ca. 400 Personen. Das ist eine Herausforderung für uns alle, die wir das Wendland lieb gewonnen haben.

Wir brauchen jungen Nachwuchs, mindestens 400 Personen mehr pro Jahr. Und ein zweites Buch – diesmal eins mit Beispielen aktiver junger Menschen. Was treibt sie an? Wie richten sie ihr Leben ein? Und wofür engagieren sie sich?

Dementsprechend war „Jung und will was bewegen" eines der Auswahlkriterien. Dies galt nicht nur für die zwanzig Protagonisten, sondern auch für die in Clenze aufgewachsene Journalistin Anja Humburg, die deren Geschichten aufgeschrieben hat, desgleichen für die Fotografin Annett Melzer, die aus Berlin ins Wendland gezogen ist und an ihrem ganz besonderen Blick auf ihre wendischen Mitbürger teilhaben lässt.

Einmal auf der Suche nach jungen, engagierten Menschen im Wendland, staune ich mehr und mehr über die Fülle, Vielfältigkeit und Ernsthaftigkeit ihres Engagements für eine bessere Welt. Nannte man junge Stadtflüchtige früher gern ‚Aussteiger', handelt es sich bei denen, die heute hierher ziehen, eher um ‚Einsteiger' – Einsteiger in ein weitgehend selbstbestimmtes Leben. Ihre Entscheidung, ins Wendland zu kommen, treffen sie dabei sicher nicht nur, weil es hier besonders schön, ruhig und billig ist. Das ist es in manchen anderen Landstrichen auch. Eher spielen da schon die Nachwirkungen des ebenso kreativen wie identitätsstiftenden Widerstandes gegen die Castortransporte nach Gorleben eine Rolle. Gerade dieses ganz besondere Szenario hat hier im Verlauf der letzten vier Jahrzehnte eine sehr eigene Lebenssituation geschaffen und den Umgang untereinander geprägt. Die Frage „Wie will ich, wie wollen wir leben, jetzt und in Zukunft?" wird im Wendland von den unterschiedlichsten Menschen ernsthaft gestellt, diskutiert und in verschiedensten Ansätzen erprobt und umgesetzt. Das schafft Identität und Nachbarschaft und das sichere Gefühl, aktiv mitgestalten zu können.

WENDLAND IM WANDEL

Dazu kommt, dass diese ländliche, an der Elbe gelegene Region zwischen Hamburg, Hannover und Berlin dünn besiedelt ist. Knapp 50.000 Einwohner leben hier – eine Stadt wie Celle zum Beispiel hat allein schon 69.000 Einwohner. Und das hat eben nicht nur zur Folge, dass es hier nachts noch richtig dunkel ist, dass das Leben gemächlicher verläuft als in der Stadt und genügend Platz vorhanden ist für Menschen, Tiere und Pflanzen. Die überschaubare Zahl von Menschen in diesem 30 x 40 Kilometer großen Stück Deutschland ermöglicht es, sich einzumischen in die Dinge, die uns hier betreffen. Damals schrieb ich: „Wenn hier ‚was los' sein soll, muss man es selbst los machen." Heute könnte man ergänzen: „Wer den gesellschaftlichen Wandel möchte, hier kann er selbst dafür sorgen."

Und spätestens damit ist die Frage nach dem „Warum" dieses Buches und der Wahl seines Titels beantwortet. „Wendland im Wandel" – die zwanzig hier vorgestellten jungen Protagonisten erzählen beispielhaft von ihren Träumen und Taten, von Lebenskonzepten und den Realitäten des Alltags in einer sich wandelnden Welt. An ihren Geschichten wird deutlich, wie sehr Leben und Wandel zusammengehören. Sie stehen allesamt als Ansprechpartner zur Verfügung. Damit sind sie zugleich Botschafter des Wendlands.

Ihre Geschichten machen Mut zur aktiven Mitgestaltung des Gemeinwesens und seines Umfeldes. Die Bedrohungen des Paradieses haben nicht abgenommen, sie sind vielfältiger, differenzierter und hinterhältiger geworden. Doch jeder einzelne, der sich für die Umwelt einsetzt, nimmt damit Einfluss auf die globalen Auswirkungen. Mir scheint, die Staffelübergabe beim weiteren Aufbau der „Ökologischen Modellregion Wendland" ist gelungen.

Michael Seelig

PS. Am Ende dieses Buches stellen wir die „Grüne Werkstatt Wendland" vor. Sie ist ein erfolgreiches Projekt, über das zahlreiche junge Stadtmenschen Leben und Arbeiten auf dem Lande kennen und lieben gelernt haben. Außerdem verdankt dieses Buch sein Zustandekommen nicht zuletzt den Aktivitäten und ermutigenden Erfahrungen, die wir in den letzten Jahren mit der „Grünen Werkstatt Wendland" haben machen dürfen.

Lea-Marike Hoene *1985, aufgewachsen in Grabow

Wachstum, Wachstum über alles – seit der Nachkriegszeit gilt Wachstum als Normalfall des modernen Wirtschaftens. Unternehmen sind sowohl Treiber als auch Getriebene der Wachstumsspirale. Doch knappe Ressourcen und ökologische Krisen nehmen zu. Unsere Wirtschaft stößt an ihre Grenzen. Die Grabower Unternehmerin Lea-Marike Hoene erklärt das Prinzip Verantwortung zur unternehmerischen Strategie des Familienbetriebs. Vor 82 Jahren als kleine Tischlerei gegründet, führt sie ihn heute in vierter Generation fort. Zu ihm gehören das Einrichtungshaus WÖM, das Mutterunternehmen Wolfrath und die Tischlerei als Keimzelle des Unternehmens.

LEA-MARIKE HOENE

EINFACH WACHSEN, DAS GREIFT ZU KURZ

Sie hätte in den Bankenvierteln der Weltmetropolen zuhause sein können. Doch Lea-Marike Hoene hat sich aufgemacht, Sozialunternehmerin zu werden und führt mit der Mutter das Unternehmen ihrer Familie weiter. Dazu angestiftet hat sie das gute Leben in den Wäldern Schwedens.

In der Matratzenabteilung herrscht ländliche Idylle. Warmes Licht und plätscherndes Wasser laden ein, die Augen zu schließen. Innen Kokos, Stroh oder Torf, außen Naturkautschuk. Wer dort liegt, muss weder fürchten, giftige Weichmacher einzuatmen, noch für den Einsatz von Pestiziden verantwortlich zu sein. Die Matratzen werden in Deutschland produziert. „Die Kunden sagen manchmal, ‚Man spürt im Wendland die Ruhe – sogar hier im Möbelhaus'", erzählt Juniorchefin Lea-Marike Hoene.

Als sich ihre Mutter eine Auszeit nahm, sprang die damals 26-Jährige ein und leitete ein Team von 55 Mitarbeitern. Sie war verantwortlich für den ganzen Betrieb: die Buchhaltung, das Küchenstudio und die Tischlerei, für den Einkauf, Messeauftritte, Mitarbeitergespräche. „Eigentlich habe ich nicht vorgehabt, zu bleiben", erinnert sie sich an ihre unverhoffte Rückkehr ins Wendland.

Als Jugendliche fuhr sie mit dem Roller zur Schule nach Lüchow und ging gegen Atomkraft auf die Straße. Nach dem Abitur im Jahr 2004 folgte sie dem Rat ihres Großvaters und machte erst mal eine Banklehre. Mit einem Bachelor in Betriebswirtschaftslehre in der Tasche ging sie an die Universität Lund. Zusammen mit Mexikanern, Chinesinnen und Holländern lernte sie den Geist sozialen Unternehmertums kennen. „In Schweden geht es viel mehr um den Menschen und die Gesellschaft im Wesentlichen", sagt sie. Zurück in Deutschland stieg Lea-Marike Hoene 2011 bei einem Berliner Möbelhaus ein. Dort merkte sie schnell, dass der Betrieb ihrer Familie ihr mehr Möglichkeiten bot, das Gelernte umzusetzen.

Von ihrem Grabower Büro aus sind es nur ein paar Meter bis zur Dachterrasse ihrer Wohnung. Dort schmiedet sie Pläne für ein gläsernes Unternehmen, in dem alle, die dort arbeiten, Verantwortung übernehmen und Kunden an ihrem eigenen Schrank mitarbeiten können. „Wer etwas selbst hergestellt hat und weiß, wie viel Arbeit darin steckt, der wirft es nicht einfach irgendwann weg". Mit dem Möbel Verkaufen möchte sie Sinn stiften. „Der Umsatz darf wachsen, das ist notwendig und ein Kompliment, aber das heißt nicht, dass die Geschäftsstrategie ausschließlich auf Wachstum basiert", sagt die junge Unternehmerin, krault ihrem braunen Dackel namens Emma den Nacken und checkt die nächsten Termine in ihrem Smartphone.

FELIX FRÖHLICH

OMBUDSMANN FÜR DIE ENERGIEWENDE

Dass aus den Experimenten mit alten Treckermotoren heute feinste Hightech für eine zukunftsfähige Energieversorgung geworden ist, ist nicht zuletzt ihm zu verdanken: Felix Fröhlich trägt die Energiewende um den Globus und nimmt sich der Ängste und Streitfälle an, die die erneuerbaren Energien mit sich bringen.

Viele kennen ihn: den fossilen Friedhof am Ortsrand von Gorleben. Dort liegt der hochradioaktive Wohlstandsmüll einer Dinosaurier-Technologie begraben. Dass am anderen Ende des Dorfes an der Zukunft einer dezentralen, regenerativen Energieversorgung getüftelt wird, sorgt zwar für weniger Schlagzeilen, ist aber nicht minder bedeutsam. Vor dem Werk von Dreyer und Bosse parken schicke, schwarze Limousinen mit der Aufschrift „natural gas" – sie fahren mit Biomethan und Erdgas. In der Niedrigenergiehalle fertigen die Mitarbeiter Blockheizkraftwerke für den Biogasbetrieb. Felix Fröhlich machte die Technik zur Jahrtausendwende marktfähig und leitete das Unternehmen von 2004 bis 2016.

Ganz in der Nähe der Firma wuchs der Ingenieur auf. Als kleiner Junge streifte er durch die Elbwiesen und beobachtete Störche, zusammen mit einem alten Ornithologen. Er beschloss, Koch zu werden und arbeitete in der Gastronomie in Hannover. „Ich koche gerne, wollte aber etwas hinterlassen, das am Ende nicht einfach aufgegessen wird", sagt Felix Fröhlich. Das war seine ganz persönliche Entdeckung der Nachhaltigkeit. „Von nun an passt du auf die Elbe auf", sagte er sich als 22-Jähriger und träumte davon, eines Tages Buhnen zu bauen.

Um sein Ziel zu erreichen, studierte er Tiefbau, Siedlungswasserwirtschaft und Kulturtechnik in Suderburg. Seine Diplomarbeit über die Vergärung von Hausmüll schrieb er in Toronto – lange bevor dort der Müll getrennt wurde. „Im multikulturellen Toronto habe ich gesehen, wie schön und offen das Leben jenseits von Vorurteilen sein kann", sagt er. Am Ende dauerte der Abstecher nach Übersee viereinhalb Jahre. Dann zog er zurück nach Gorleben.

Mit seinem Know-How entwickelte er dort Infrastrukturen für eine autarke Energieproduktion jenseits von Großanlagen. „Die Erneuerbaren bringen nicht nur Geld, auch die Wertschöpfung bleibt im Wendland", sagt er. Felix Fröhlich führt die Menschen zusammen, motiviert sie. Im Wettbewerb um die landwirtschaftlichen Flächen zwischen Lebensmittelprodukton, Energiepflanzen und Futtermitteln ist Einfühlungsvermögen Trumpf.

Seinen vier Kindern erzählt Felix Fröhlich von Reisen durch Australien, Südamerika oder Asien. Fünf bis sechs Mal im Jahr jettete er um den Globus und exportierte Blockheizkraftwerke in die ganze Welt. Nun nimmt er eine Auszeit. Aber auswandern, nein, das kommt nicht in Frage.

Felix Fröhlich *1970, aufgewachsen in Gorleben

1997 beschloss der Kreistag, den Stromverbrauch im Landkreis Lüchow-Dannenberg in Zukunft zu 100 Prozent aus erneuerbaren Energien zu decken. Pioniere wie Felix Fröhlich waren es, die mit der technischen Umsetzbarkeit im großen Maßstab den Anstoß für die Energiewende gaben. Dieses Ziel war, laut Energieagentur Emma, 2011 erreicht. 2015 lag der Anteil schon bei 120 Prozent. Würde jeder Landkreis so viel Strom aus erneuerbaren Quellen erzeugen, könnte die elektrische Jahresleistung aller in Deutschland derzeit noch im Betrieb befindlichen Kernkraftwerke ersetzt und dazu noch 15 Prozent der hiesigen Steinkohlekraftwerke eingespart werden.

Nadine Werner *1977, aufgewachsen in Mittelnkirchen und Nina El Karsheh* 1977, aus Buxtehude mit Hannah

Auch wer nicht auf eine lange Familiengeschichte im Wendland zurückblickt, kann gewiss sein, dass viele Türöffner das Ankommen in der Region erleichtern. Wie Nadine Werner bringen viele Neulinge ihren Arbeitsplatz einfach selbst mit. Im Wendland können sie auf Frauengruppen, Unternehmensstammtische oder Unternehmerinnen Netzwerke wie mfg oder feffa zählen. Diese Plattformen lassen vielfältige Praktiken des Querdenkens und Anderslebens gedeihen.

NADINE WERNER

„MIR BLIEB NICHTS ANDERES ÜBRIG, ALS MICH SELBSTÄNDIG ZU MACHEN."

Wer der Buchbinderin und Papiergestalterin Nadine Werner begegnet, mag kaum glauben, dass sie einen aussterbenden Beruf ausübt. Gut vernetzt verbindet sie das traditionelle Handwerk mit innovativen Techniken – von ihrem Atelier in Groß Heide aus.

Dass ihr Büro nicht in einem Wolkenkratzer liegt, sondern in einem Vier-Ständer-Haus von 1769, merken ihre Auftraggeber in Dublin und Vancouver höchstens, wenn es während der Videokonferenz mal wieder Datenstau gibt. Die Buchbinderin Nadine Werner entwickelt in ihrem Atelier in Groß Heide Notizbücher, Fotoalben oder Aufbewahrungskästen. Etwa zweimal im Jahr fliegt sie nach Kanada und spürt in den Städten Produktideen auf: „Ich brauche das Wendland, um sie gestalterisch umzusetzen."

Weil damals der Schulbus nur einmal morgens hin und abends zurück fuhr, verbrachte sie alle Freistunden in der Schule. So begann Nadine Werner mit zwölf Jahren, von einer Lehrerin das Buchbinden zu lernen. Nach einem Praktikum in Philadelphia, ihrer Ausbildung zur Buchbinderin im Hamburger Karolinenviertel und der Weiterbildung zur Gestalterin im Handwerk in Kassel, lernte sie auf Reisen durch Neuseeland weitere Techniken des Büchergestaltens hinzu. Mit dem Existenzgründerinnennetzwerk Feffa im Rücken gelang ihr 2005 der Sprung in die Selbständigkeit. Heute gibt sie auch Kurse für Buchbinder im schweizerischen Ascona und verkauft ihre Produkte in einem Laden in Berlin.

Auf das Wendland stieß die damals 16-jährige, als sie auf einer Widerstandstour mit dem Fahrrad von Hamburg nach Magdeburg fuhr. 2005 zog sie nach Beseland, wo sie acht Jahre lang lebte „ohne einen Haustürschlüssel in der Tasche zu haben", sagt sie über das Vertrauen in die gute Nachbarschaft.

Der Job ihres Freundes hatte den Impuls zum Umzug in den Landkreis gegeben. Als er wenige Jahre später bei einem tragischen Unfall ums Leben kam, stand plötzlich alles in Frage. Wohnort, Arbeit, Familie. Da flatterte aus heiterem Himmel der Job in Kanada ins Haus. Kurz vor dem Abflug nach Vancouver begegnete sie ihrer ehemaligen Schulfreundin Nina El Karsheh. Sie verliebten sich ineinander, bekamen Tochter Hannah und kauften 2014 das Haus in Groß Heide. „Als Regenbogenfamilie im Landkreis zu leben, ist ein wahrer Luxus", sagt Nadine Werner.

Beim Einzug in Groß Heide lud die Familie das Dorf zum Begrüßungskaffee in den großen Garten ein. Seither treffen sich einige zum Frauenstammtisch, auch um dem langsamen Internet auf die Sprünge zu helfen. Und irgendwann will Nadine Werner ein Papierfest feiern mit Esspapier, Buchstabensuppe und Papierfaltungen in den Bäumen.

MICHELLE MOHR

URBANES LANDLEBEN

Aus der Großstadt Berlin in den Rundling: Die Designerin Michelle Mohr fand in Beseland ihren Startpunkt für das Leben auf dem Lande. Für die Produktion ihrer Teppiche interpretiert sie altes Handwerk neu und kombiniert es mit von ihr entwickelten Techniken.

Wie schon vor zwanzig, dreißig oder gar vierzig Jahren zieht es auch heute noch Künstler aus den großen Städten in den Landkreis Lüchow-Dannenberg. So öffnete das Wendland Design Camp auf dem Werkhof Kukate der Textildesignerin Michelle Mohr 2012 die Tür zur Region. Zusammen mit anderen Designern entwarf sie damals den „Kommunikationsstoff" – sie sammelte die Leinenballen der Urgroßmütter und alte Kartoffelsäcke von den Dachböden der umliegenden Dörfer und schneiderte daraus gemeinsam mit einer Kollegin aus dem Design Camp eine Taschenkollektion. Dabei wuchs, während sie noch mitten in ihrer Diplomarbeit an der Kunsthochschule Berlin-Weißensee steckte, die Idee, auf dem Lande zu leben und ihre Entwürfe dort ökologisch korrekt zu produzieren.

Seither sind ihr Markenzeichen Teppiche und Sitzkissen, die sie ohne Webrahmen und ohne Werkzeuge per Knotentechnik herstellt. Das Material: Wolle alter deutscher Schafrassen wie Coburger Fuchsschaf, Skudde oder Pommernschaf. Oft zum Abfallprodukt degradiert, weil für Kleidungsstücke zu kratzig und für den Weltmarkt bedeutungslos, macht sich Michelle Mohr deren gute Eigenschaften zunutze: Ihre Produkte sind genauso langlebig wie die alten Leinenstoffe auf den wendländischen Dachböden.

Nach zwölf Jahren Berlin zog Michelle Mohr 2014 erst nach Kröte, dann nach Beseland. Mit sieben anderen wohnt sie seither zur Miete auf einem Hof in der Clenzer Schweiz, jeder in seiner eigenen Wohnung: Küche, Bad, Atelier – die horizontale Variante des urbanen Mietshauses. Auf dem Grundstück steht auch ihr Bauwagen, der als Schlaf- und Wohnzimmer dient. Nebenan beim Vermieter gibt es einen Seminarraum für Tango und Yoga.

Mit dem Fahrrad fährt sie die achtzehn Kilometer zu ihrem Arbeitgeber nach Lüchow. Neben ihrer selbständigen Tätigkeit entwirft sie dort Outdoormöbel für den Produktentwickler und Produzenten Werkhaus. „Ich dachte, auf dem Land würde ich weniger arbeiten, aber das hat sich nicht bewahrheitet", sagt Michelle Mohr. Und wenn sie doch mal Leerlauf hat, dann geht sie spazieren oder kümmert sich um den Garten. „Mein Ziel ist es, einen Teppich aus wendländischer Wolle zu produzieren." Die nächste Schäferei ist schon im Nachbarort.

Michelle Mohr * 1981, aufgewachsen in Mainz

Kaum ein Scheunentor, hinter dem sich nicht ein Atelier oder eine Werkstatt verbirgt. Von Anfang an schlossen sich die Kunsthandwerker der Region zusammen, weil sie wussten: alleine überleben wir nicht. Seit zwei Jahrzehnten laden sie zur Kulturellen Landpartie. Einige betreiben das Kaufhaus des Wendlands, nutzen das ‚Atelier X' oder ‚Wendland hautnah' als Plattform nach außen. Große ökologische Kreativunternehmen wie Werkhaus siedelten sich schon Anfang der 1990er an. Die Grüne Werkstatt Wendland und das Wendland Design Camp sind zur kunsthandwerklichen und unternehmerischen Nachwuchsschmiede geworden.

Britta Habenicht *1978, aus Köln und Daniel Habenicht *1972, aus Buchholz i.d. Nordheide, mit Clara und Julius

Kommunen sind die Schleusentore der Region, die informellen Treffpunkte in den Dörfern. Ein halbes Dutzend hat sich in den vergangenen Jahren und Jahrzehnten im Wendland angesiedelt. Zu den älteren in Meuchefitz oder Karmitz gesellten sich in den vergangenen Jahren neue Gemeinschaften – in Güstritz, Krummasel und Volzendorf. In einem dichten Netz aus Schenkbeziehungen unterstützen sie sich gegenseitig. Die einen pressen tausende Liter Apfelsaft, die anderen bauen Gemüse an, backen Brot, laden in die Kneipe. Sie bringen ihr politisches Engagement ein oder bieten einander ihre handwerkliche Expertise an – „Freien Fluss" nennen sie diese Form der Schenkbeziehungen. Geld und Aufrechnung spielen dabei keine Rolle mehr.

BRITTA UND DANIEL HABENICHT

SCHENK ICH DIR

Mitten im Lemgow, wo sich das Gefühl aufdrängt, am Ende der Welt angekommen zu sein, leben die Musiker Britta und Daniel Habenicht in einer kleinen Kommune. Dort, wo Mauswiesel und Schwarzmeise zuhause sind, experimentieren sie mit einer Ökonomie des Gemeinsamen.

Freitags heizt Britta Habenicht den hundert Jahre alten Lehmofen an, um Brot zu backen – zwanzig oder dreißig Laibe liegen am Ende auf dem Küchentisch. Noch ehe sie abgekühlt sind, herrscht reges Gedränge um die duftenden Güter. Freunde bringen Eier oder Salami mit, zum Tausch. Alteingesessene Nachbarn legen im Gegenzug ein paar Euro in die Spendenbox. „Wir leben jenseits von viel Geldfluss", sagt Britta Habenicht. Sie ist Sozialpädagogin und pendelt zwei bis drei Mal in der Woche zur Lebenshilfe nach Lüneburg. Ein bisschen Erwerbsarbeit darf eben doch sein.

Seit 2011 bewohnt die Kommune die „Villa" in Volzendorf, gebaut von einem reichen Rübenbauern. Britta Habenicht zog mit ihrem Mann Daniel und ihren beiden Kindern zwei Jahre später aus der Lüneburger Stadtwohnung nach. Seither leben sie zu dreizehnt in drei Generationen. Die Familie bewohnt einen Bereich im Erdgeschoss. Die Kommunarden teilen nicht nur das Haus, sondern auch das Geld und nennen es „gemeinsame Ökonomie". „Wir haben drei Autos und einen Hektar Land; das könnten wir uns alleine nicht leisten", sagt Daniel Habenicht.

Daniel Habenicht lebt seit einiger Zeit ohne eigenes Bankkonto, meist auf Basis der gegenseitigen Schenkökonomie. Er widmet sich der Verbesserung der Bodenfruchtbarkeit durch heimische Mikroorganismen, experimentiert mit den Prinzipien von Permakultur und Terra Preta. Zusammen mit seiner Frau spielt und singt er seit über zehn Jahren mit ihrer Band „Audioschmiede" auf Konzerten und Festivals in der ganzen Bundesrepublik eigene Interpretationen alter Volkslieder.

Es ist Freitagabend, und wieder lodert in der Backstube das Feuer – das Wohnzimmer der Villa wird zum geselligen Wirtshaus. Mit Freunden aus anderen Kommunen sowie den Bewohnern der umliegenden Dörfer lassen sie den Tag bei Pizza, Apfelsaft und Bier ausklingen. „Wir reden über eine gemeinsame Ökonomie in größerem Stile", erzählt Britta Habenicht. Auch viele Fremde statten ihnen einen Besuch ab – von freiwilligen Helfern aus der ganzen Welt bis zur Schulleiterin. Daniel Habenicht sagt: „Ich habe den Eindruck, wir werden als seriöser Versuch ernst genommen, der Verwertungslogik des Kapitalismus etwas entgegen zu setzen."

BORIS VOELKEL

SÜSSE SCHÄTZE HÜTEN

Am Höhbeck, umflossen von Elbe und Seege, wuchs die kleine Mosterei Voelkel binnen vier Generationen zu einem Unternehmen heran, dessen Naturkostsäfte heute in der ganzen Welt gefragt sind. „Meine Arbeit dient einer zukunftsfähigen Landwirtschaft", sagt Boris Voelkel.

Als Kind kletterte Boris Voelkel mit seinen drei Brüdern über Möhrenberge und zupfte mit Vater Stefan Rosenblätter für eine neue Limo. Seine „Saft-Oma" Gisela las ihm aus Rudolf Steiners Schriften vor. Als Jugendlicher verschlang er die Tagebücher seiner Urgroßeltern. Sie waren in den 1920ern als Wandervögel in den Landstrich gekommen, um den Zwängen der wachsenden Industrieregionen zu entkommen. Mit einer Saftpresse zogen sie durch die Ortschaften und eröffneten 1936 eine Mosterei in Pevestorf. „Meine Groß- und Urgroßeltern hatten schon damals Antworten auf die Probleme unserer Zeit. Für die Gesellschaft und für mich persönlich", sagt Boris Voelkel, der sich im Betrieb der eigenen Familie zum Industriekaufmann ausbilden ließ.

Während in Pevestorf das Erbe seiner Urgroßeltern zu einem Weltunternehmen heranwächst, zieht es Boris Voelkel in die Welt hinaus. Im indischen Gurgaon macht er ein Praktikum, verweilt auf einem Hausboot und findet in der Ferne den grünen Faden in seinem Leben: fortan steht auch für ihn die Fruchtbarkeit des Bodens an oberster Stelle. Er kehrt zurück, studiert Wirtschaftspsychologie und Betriebswirtschaft und steigt in die heimische Saftfirma ein.

Heute managt Boris Voelkel den Einkauf exotischer Zutaten. Er reist nach Indien, kauft dort Mangopüree oder fördert den Aufbau der biologisch-dynamischen Landwirtschaft in Peru und in Bolivien. Für Granatapfelsaft fliegt er in die Türkei, für Orangensaft nach Ägypten. Dabei besucht er Vorreiterprojekte und setzt selbst Maßstäbe für eine Landwirtschaft mit Zukunft.

Seit das Unternehmen im Jahr 2011 an zwei Stiftungen übereignet wurde, ist garantiert, dass das unternehmerische Handeln auch in Zukunft nicht von Gewinnmaximierung geleitet wird. Leichter wird es für Boris Voelkel deshalb aber nicht: „Wir können jetzt nicht einfach mit der Pionierarbeit aufhören", sagt er. „Heute lacht keiner mehr über ‚bio'. Ich möchte, dass in Zukunft niemand mehr über ‚demeter' lacht."

Jenseits der großen Safttanks und der hochtechnisierten Produktionsstraße praktiziert Boris Voelkel das Saftpressen wie zu alten Zeiten. In der Nähe seines Hauses auf dem Höhbeck hat er ein Stück Wald mit Streuobstbäumen gekauft. Die Früchte verarbeitet er mit einer alten Korbpresse – seine ganz persönliche Versicherung gegen das „Höher-Schneller-Weiter" im Weltmarkttreiben.

Boris Voelkel *1984, aufgewachsen in Pevestorf und Alexandra Kiesel *1986, aufgewachsen in Güster mit Sohn Michel

Im eigenen Saft schmoren – das wollen auch viele andere im Wendland Aufgewachsene nicht. Sie nehmen Reißaus, um in der weiten Welt zu erkennen, welchen Schatz sie da zu Hause hüten – so wie Boris Voelkel. Mittlerweile ist die Mosterei Arbeitgeber für etwa 180 Mitarbeiter und macht unter anderem mit dem Streuobstverein vor, wie eine zukunftsfähige Wirtschaftsform jenseits von sozialer und ökologischer Ausbeutung aussehen kann.

Jessica Belke *1974, aufgewachsen in Hamburg

1980 gegründet, ist die Bildungs- und Begegnungsstätte KURVE Wustrow der Stärkung des gewaltfreien Widerstandes verpflichtet. Mitten im Ortskern gelegen, ist sie heute eine wichtige Institution im Gorlebenkonflikt ebenso wie für die Friedensarbeit in weltweiten Konfliktherden. Wurde sie anfänglich misstrauisch beäugt, so greift heute auch die lokale Flüchtlingsinitiative oder die Bürgermeisterin auf die Kompetenzen der Friedensorganisation zurück. Neben ihr verbinden auch Widerstandsorganisationen wie die Bürgerinitiative Lüchow-Dannenberg oder X-tausendmal quer und Seminarhäuser wie das Uma Institut in Beseland die politische Arbeit mit ökologischem Hintergrund und persönlicher Visionssuche.

JESSICA BELKE

BOTSCHAFTERIN DES ZIVILEN UNGEHORSAMS

Mit ihrer Arbeit für die KURVE Wustrow e.V. setzt die Hamburger Ethnologin Jessica Belke Zeichen für Gewaltfreiheit und trainiert Menschen aus aller Welt für Friedenseinsätze, auch vor der eigenen Haustür.

Als Jessica Belke im Sommer 2011 mit ihrem Mann Jochen und Tochter Lenya ins Wendland zog, sei das Leben auf dem Lande zunächst „gar nicht so prickelnd" gewesen. Da saß die langjährige Greenpeacemitarbeiterin nämlich mit dickem Babybauch in ihrem Garten mitten im Neubaugebiet, während der Ehemann seiner geregelten Arbeit im Kreishaus nachging. In dieser Zeit lernte sie eine ganz andere Seite der Region kennen als die während der Aktionen gegen die Castortransporte.

Als Entwicklungshelferin war sie viel in der Welt herumgekommen, schrieb ihre Magisterarbeit über süd-ostasiatischen Seenomaden, half im tsunami-zerstörten Indonesien vier Jahre lang beim Wiederaufbau und wollte mit ihrer beruflichen Tätigkeit in die Welt hinaus wirken. Im Wendland solch eine sinnstiftende Arbeit mit internationalem Kontext zu finden, war ein großer Glücksfall. 2013 begann sie als Bildungsreferentin bei der Friedensorganisation KURVE Wustrow. In den 1980er Jahren als wildes Wohnprojekt mit wachsendem Seminarprogramm begonnen, ist die KURVE heute eine nicht mehr wegzudenkende Einrichtung für gewaltfreie Konfliktbearbeitung für Menschen aus aller Welt. Dort koordiniert Jessica Belke seither internationale Trainings für Aktivistinnen und Fachkräfte aus afrikanischen, asiatischen und europäischen Ländern, die in der zivilen, gewaltfreien Konfliktbearbeitung tätig sind. Ein palästinensischer Friedensaktivist kam nach einer Radtour durch die weite Landschaft des Wendlandes freudestrahlend auf sie zu. „Freiheit und Frieden so deutlich wie hier zu spüren, das konnte er im Nahen Osten nicht", sagt Jessica Belke.

Der beruflichen Wende folgte eine private. Nach drei Jahren im Landkreis zog die Familie in eine ausgebaute Scheune im Dörfchen Jabel. Dort wirken Landwirte, Akademikerinnen und Handwerker – gebürtige Jabeler, Zugezogene und Berliner, die dort seit vierig Jahren ein Ferienhaus besitzen, zusammen. Am Dorftag helfen alle dabei, die Straßenrinnen sauber zu machen, und treffen sich am Abend in der Dorfkneipe zum Spieleabend. Nach kaum einem halben Jahr waren die Neulinge aufgenommen: „Nach dem Osterfeuer standen plötzlich fünfundzwanzig Leute vor unserer Tür. Sie hielten Eierpappen in den Händen und luden sich selbst zum nächtlichen Katerschmaus ein. Bloß wir standen komplett auf dem Schlauch, weil wir diese Tradition nicht kannten."

SABRINA JAKUMEIT

JÄGERIN DER SCHÖNEN DINGE

In ihrem Häuschen in Weitsche schöpft Sabrina Jakumeit Inspiration für ihre Aufträge aus den Großstädten. Vor ein paar Jahren entkam sie dem Laufrad der Agenturen und folgte ihrer Intuition – und der Liebe.

In ihrem Garten blühen tausend weiße Blumen: Lilien, Pfingstrosen, Gänseblümchen, Fingerhut, Lupinen. Abends leuchten sie wie kleine Laternen. Dort verwirklichte Sabrina Jakumeit auch ihre Visionen von einem Baumhaus und einer Sauna auf Rädern. Dass die quirlige Innenarchitektin und Designerin einmal ins Wendland zurückkehren würde, konnte sie sich lange nicht vorstellen. Nach ihrer Jugend im Lemgow habe sie die „Flucht ergriffen". Wie ein Heißluftballon sei sie immer wieder um das Wendland gekreist: Hamburg, Hildesheim, Berlin.

Dort gestaltete sie hochglanzpolierte Messeauftritte für die großen Wirtschaftsunternehmen des Landes, gewann einen Auftrag nach dem anderen. Doch nach einigen Jahren fehlte ihr Raum für ihre eigenen Ideen. 2013 kündigte sie ihren Job in Berlin und machte sich im Wendland mit einem Kreativ-Büro selbständig. Einen Plan B, falls nichts daraus werden sollte, hatte sie nicht in der Tasche.

„Mein Kühlschrank ist immer voll, kannst bei mir wohnen", sagte ihr langjähriger Lebensgefährte Kreativkoch Martin Papke damals zu ihr. Sabrina Jakumeit gab dem Wendland eine zweite Chance. Einzige Bedingung: „Ich wollte alles auf links drehen dürfen." Damals war der ehemalige Stall in Weitsche praktisch und spartanisch ausgebaut. Heute ist er zum schicken Glashaus umgebaut, und bei den Videokonferenzen fällt der Blick ihrer Geschäftspartner aus Berlin oder München in den weiß blühenden Garten.

Die Arbeit für ihre Agentur „Alles Gute Gestaltung" erledigt sie vom Homeoffice aus. „Anfangs hatte ich Angst, die Leute im Dorf könnten denken, ich sei arbeitslos, weil ich so viel zuhause bin", sagt sie. Die Sorge war unbegründet. – Ein souveränes Bild hinterläßt sie bei ihren Geschäftspartnern: „In meinem Job bin ich wie eine Jägerin, die ihre Beute aufspürt, sie erlegt, davon zehrt und gestärkt ist und dann wieder auf die Jagd geht", sagt sie.

Sabrina Jakumeit setzt die neuesten Produkte der Weltkonzerne in Szene, entwickelt Bühnenbilder für deren Großevents und Messeauftritte. Regionale Aufträge bilden ihr zweites Standbein. So entwarf sie beispielsweise das Logo für den Dannenberger Junior-Bahnhof. Während der Kulturellen Landpartie verbindet sich ihre Arbeit mit der ihres Freundes: Duftender Kokosmilchreis mit fruchtigem Himbeerpüree trifft dann auf stark kontrastierte Illustrationen mit markanten Gesichtszügen.

Sabrina Jakumeit *1985, aufgewachsen in Schletau und Lüchow

Vom Lande aus lässt sich die Wirtschaft des Landes in Schwung halten, dazu braucht es kein Großstadtbüro. Wer gut kommuniziert, die technischen Möglichkeiten ausschöpft und sich auf flexible Arbeitszeiten einlässt, kann die Distanz zu den Auftraggebern leicht überwinden. Zugleich lässt sie kostbaren Freiraum, eigene Ideen zu spinnen und ermöglicht ein bisschen mehr Unabhängigkeit von den Zwängen der Märkte.

Anja Sanchez *1982, aufgewachsen in Hamburg und Tostedt

Co-Working – gemeinsam arbeiten – war bislang ein rein urbanes Phänomen. Nun gedeiht es immer stärker auch auf dem Lande, wie etwa in den ehemaligen Lagerräumen auf dem Gelände des Raum2 e.V. in Neu Tramm. Die einen richten sich ein Büro ein, die anderen eine Siebdruckwerkstatt, eine Knochenschnitzerei oder, wie Anja Sánchez, eine Goldschmiede – geteilter Arbeitsraum reduziert Kosten, ist kommunikativ und ermöglicht, gemeinsam Ideen und Projekte wachsen zu lassen.

ANJA SÁNCHEZ

GLANZ UND GLOBETROTT

Die Werkstatt ließ sie sesshaft werden: in Neu Tramm lebt die Goldschmiedin Anja Sánchez ein urbanes Leben zwischen hochkarätigen Konzerten und scharfer Gesellschaftskritik. Doch ihr Wohnhaus rollt noch immer auf sechs Rädern. Und ab und zu verschwindet sie mit dem Motorrad in den Süden.

Anja Sánchez ist eine Nomadin. Als Anfang Zwanzigjährige reiste sie durch Asien und Lateinamerika, lebte während der Lehrzeit im Bauwagen auf einem Braunschweiger Wagenplatz und dann auf einem Boot in Spanien. Sie wollte der westlich-kapitalistischen Wirtschaftswelt entkommen, und doch setzte sie nach sieben Jahren den immer wieder wechselnden Provisorien ein Ende. Sie kehrte zurück nach Deutschland, kaufte einen dunkelblauen, 35 Jahre alten Lastwagen und stellte ihn Anfang 2014 auf dem Gelände des Kulturvereins Raum2 in Neu Tramm ab, wo ein halbes Dutzend Menschen lebt und arbeitet. Nach wie vor könnte sie mit ihrer Wohnung jederzeit woanders hin, doch ihre Werkstatt hat sie sesshaft werden lassen. Zum ersten Mal seit 2005 zahlt Anja Sánchez Miete.

Blau wie ihr selbst ausgebauter Wohnlastwagen ist auch die Kluft ihres Metallgewerks. Anja Sánchez ist Goldschmiedin und bezog ihre Schmiede in den Versandräumen der ehemaligen Textilfabrik – Amboss, Schmelztisch, Walze, Hammer, Zieheisen und Punzen fürs Grobe. Zangen, Feilen, Mundlötrohr und Fräser für die Feinarbeit. Ein alter Schlosser und Hobbygoldschmied vererbte ihr seine Ausstattung. Einzige Auflage an die junge Kunsthandwerkerin: „Verschenke die Ausstattung weiter, wenn du sie nicht mehr brauchst."

Mit schnellen Elektrobeats auf den Ohren schmiedet Anja Sánchez Stücke aus unvergänglichem Gold und organischen Materialien wie Holz und Knochen – ihr Markenzeichen. „Ich löse mich beim Herstellen von dem Gedanken, ob die Stücke verkäuflich sind." Mit der Schmelzpistole recycelt sie Gold- und Silberstücke und stellt so eigene Bleche und Drähte her, oder sie kauft fair gehandeltes und ökologisch verträglicheres Gold aus Afrika und Lateinamerika. Erst wenige in ihrer Branche tun es ihr gleich.

Im Frühjahr 2015 konnten die Mitglieder des Vereins Raum2 das Gelände kaufen. Sie veranstalten dort seit dem Jahr 2000 Konzerte, Rollerdiskos, Ausstellungen, Casinoabende oder den Local Looser Wettbewerb. Bands, die sonst in Hamburg oder Leipzig auf der Bühne stehen, treten dort auf. – Aber nichts hindert sie in Neu Tramm daran, mit ihrer Kawasaki für ein paar Wochen auf Achse zu sein. Sie ist an diesem Ort Großstädterin und Dorfkind zugleich. „Hier haben die Leute keine so starren Grenzen, sie sind ein bisschen durchgeknallt."

MERLE UND CHRISTOPH BANGEMANN

MIT HOLZ UND HERZ

Oben auf den Dächern der alten Fachwerkhäuser sind sie ihrer Utopie ganz nah. Merle und Christoph Bangemann geben sich nicht mit der Montage industriell gefertigter Teile zufrieden. Sie schaffen Wohnraum – in Handarbeit, mit traditionellen Techniken und Werkstoffen aus der Nähe.

In schwindelerregender Höhe justieren sie dicke Balken, heben Bohlen an ihren Bestimmungsort, stecken Nut und Feder zusammen, so dass sie Jahrzehnte, wenn nicht Jahrhunderte lang halten können. Handkreissäge, Stemmeisen und Latthammer sind die Werkzeuge, mit denen Merle und Christoph Bangemann ihre Baukultur pflegen. Ob Lärche, Kiefer oder Eiche – der Werkstoff Holz bestimmt die Arbeit des Zimmererehepaares.

Als Wandergeselle fand Christoph Bangemann 2009 Arbeit bei der Holzwerkstatt Hohenvolkfien, wo er auch heute noch fest angestellt ist. Bald darauf ‚brachte' er auch die in Woltersdorf aufgewachsene Merle Lammers ‚auf Wanderschaft'. Bauphysik, Statik und Geometrie von Gebäuden und Dächern beeindrucken die junge Zimmerin. Als Jugendliche hatte sie die Lüchower Schülerdemos gegen den Castor organisiert. Heute steht Merle Bangemann, die zwischen Bäuerlicher Notgemeinschaft und Wendland Kooperative aufgewachsen ist, im Sommer auf der Baustelle. Im Winter betreut sie als Familienlotsin junge Familien und engagiert sich für eine selbstbestimmte und achtsame Geburts- und Familienhilfe.

Das Paar entschied sich dagegen, den Hof von Christophs Großvater im Landkreis Celle zu übernehmen. „Wir wollten mit anderen das kulturelle Leben im ländlichen Raum pflegen und alltägliche Dinge gemeinschaftlich organisieren", sagt Christoph Bangemann. Den Nachbarn steigen sie nun gelegentlich aufs Dach oder bieten ihr Fachwissen an, wo es in den umliegenden Dörfern gebraucht wird. Immer mittwochs singen sie im Clenzer Generationenchor Kiliano. „Hier im Wendland ist uns ein gutes Netzwerk entstanden. Geben und Nehmen stimmen hier überein", sagt Merle Bangemann.

Ein kleiner Resthof im Rundling von Beutow besiegelte ihre lange Suche nach einem Leben in Gemeinschaft. Nach den Wanderjahren bestellten sie zunächst in einer Land-WG in Krummasel nicht nur einen Gemüse-, sondern auch einen sozialen Garten, machten danach Station in der Güstritzer Kommune und entschieden sich dann: „...Ruhe in unseren Familienalltag zu bringen, um als frischgebackene Familie bewusster zusammenzuwachsen". Ein Rückzug ins Private ist das für sie jedoch keineswegs. „Wir sind und bleiben Sozialtiere", sind sich die beiden Bangemanns einig.

Merle Bangemann *1986, aufgewachsen in Woltersdorf und Christoph Bangemann *1982, aus Lachendorf bei Celle

Im Wendland mangelt es nicht an jungen Handwerkerinnen und Handwerkern, die noch basale Bautechniken und Fähigkeiten pflegen, um die Dinge des alltäglichen Gebrauchs vor Ort herzustellen. Junge Zimmerer, Tischlerinnen, Steinmetze, Maurerinnen, Schmiede oder Lehmbauerinnen in kleinen Betrieben setzen auf Holz, Stein, Metall, Lehm oder Stroh: Werkstoffe aus der Nähe, die auch ohne Industriestraßen und bedenkliche Chemikaliencocktails auskommen können.

Mario Spenner *1981, geboren in Kröte

Pioniere wie Mario Spenner haben sich auf den Weg gemacht, den engen Begriff der Erwerbsarbeit zu einem ganzheitlichen Arbeitsverständnis zu erweitern. In der Gärtnerei der Kommune Güstritz und auf dem Hof Tangsehl arbeiten die Menschen nach dem Prinzip der solidarischen Landwirtschaft – sie teilen die Ernte unter den Mitgliedern - die zahlen einen selbstgewählten Betrag und garantieren dem Betrieb ein festes Einkommen und damit Unabhängigkeit von Marktpreisen. Durch ihre Gärtnerei können sich die Güstritzer in Sachen Obst und Gemüse nahezu selbstversorgen. Darüber hinaus beliefern sie eine wachsende Gruppe von Menschen.

MARIO SPENNER

ANSTIFTUNG ZUR KOLLEKTIVITÄT

„Wenn wir in einer Umwelt mit begrenzter Kapazität gut leben wollen, dann wird die Vielfalt der Wohn-, Arbeits- und Tauschgemeinschaften in Zukunft wachsen müssen", sagt Mario Spenner. Der Güstritzer ist Baumpfleger, Holzverarbeiter, Lehmbauer und Masseur in einer Person, jedoch arbeitet er selten allein.

Wenn Mario Spenner im Gurt sitzt und in den Kronen der Linden, Walnussbäume oder Weiden Äste herausschneidet, hält sein Kollege am Fuß des Stammes das Seil fest in den Händen. So achtsam wie er dem Baum gegenübertritt, arbeiten er und seine Kollegen auch miteinander unter den teils extrem gefährlichen Bedingungen. Seit 2010 bilden sie ein Baumpflegekollektiv: ohne Chef und Gehaltsunterschiede. Stattdessen gestalten eine Hand voll Menschen alle Aufträge gemeinsam, und jeder bringt ein, was er oder sie besonders gut kann: Fällungen, Obstbaumschnitte oder Krankheitsdiagnosen. Sie ergänzen sich gegenseitig, geben sich Rückendeckung, sind ihre eigene Versicherung.

Die ersten fünf Jahre wuchs Mario Spenner in Kröte auf. Dann lebte er mit seiner Mutter in der Ostheide am Rande des Landkreises Lüneburg. Nachdem er im hessischen Witzenhausen ökologischen Landbau studiert hatte, beschloss er im Jahr 2008, zu seinem Vater nach Güstritz zu ziehen. „Er war für mich immer eine Brücke in meine Heimat. Schon vor 25 Jahren lebte mein Vater autark, ohne Strom und fließend Wasser, von einem halben Hektar Land", erzählt er. Für ihn selbst ist die Idee der Autarkie als eine der radikalsten Formen, sich der Konsumgesellschaft zu verweigern, zu extrem. Er fand seinen eigenen Weg. Mario Spenner war 2011 unter den Gründern der Kommune Güstritz. Drei Jahre später beschloss er, sich vorerst eine Auszeit von der Wohngemeinschaft zu nehmen und lebt nun allein.

Aber das soziale Netz zwischen den Kommunen, das er seit Jahren pflegt, trägt ihn und seine berufliche Vision bis heute: Neben der Baumpflege reist er zusammen mit Freunden mit einem mobilen Café, einem Zelt oder einem Pizzaofen zu Festivals und nimmt teil an der Kulturellen Landpartie. Wo eine Lehmwand gestampft oder eine Tür gefertigt werden muss, legt er Hand an. Er gibt aber auch hawaiianische Massagen. „Diese Vielfalt ist das, was mir entspricht. Viele Berufsanforderungen sind heute so spezialisiert, dass ein Rundumblick gar nicht mehr möglich ist", sagt er und erzählt von seinem Vater, der Skulpturen aus Stein, Holz, Beton, Metall und Kunststoff fertigte. Auf die soziale Armut der Alten und vieler Arbeitenden, die er beobachtet, versucht er im (Aus-)Tausch mit anderen Antworten zu finden, die von wirtschaftlichen und gesellschaftlichen Zwängen frei sind.

SEBASTIAN KWASCHNIK

SPIELSTAND : AUSGEGLICHEN

Wenn er keine Rechtsfälle klärt, dann spielt er Handball bei der SG Südkreis. Sie ist die Schmiede vieler Freundschaften. Von seinem Leben im Wendland sagt Sebastian Kwaschnik: „Nur wenige Dinge strömen hier auf mich ein, die mich vom Wesentlichen ablenken."

„Wenn wir am Samstagabend Handball spielen, ist die Halle gerappelt voll", schwärmt Sebastian Kwaschnik. Er steht nicht als einziger schon seit der Schulzeit auf dem Feld – heute in der 3. Herrenmannschaft. Die Spiele in der Clenzer Sporthalle gehören zu seinem Leben wie der Handball in die Region. Seit nunmehr 25 Jahren.

Sebastian Kwaschnik ist inzwischen Jurist. Zum Studium ging er nach Kiel, dann an die Uni in Rom, arbeitete beim Deutschen Konsulat in Palermo und in New York, promovierte im Strafrecht und stieg beim Bundesamt für Verbraucherschutz und Lebensmittelsicherheit ein. Dort in Berlin, in der Einflugschneise des Flughafens Berlin Tegel, wo er mit seiner Frau Nina – ebenfalls Juristin – und den beiden Söhnen lebte, begann er, sich nach seinen Wurzeln zu sehnen.

Eines Tages klingelte das Telefon. Innerhalb weniger Stunden riefen ihn mehrere Freunde an. Sie witterten eine Chance, den Kumpel wieder ins Wendland zu holen. Viele von ihnen waren selbst längst zurückgekehrt: als Apotheker, als Koch, hatten sich selbstständig gemacht oder den elterlichen Betrieb übernommen. Die Sparkasse suche über die Elbe-Jeetzel-Zeitung einen Justitiar, erzählten sie ihm voller Hoffnung. Banken kannte Sebastian bis dato vor allem vom Geldautomaten. Aber er hatte ein anderes Argument in der Tasche, das letztendlich überzeugte: „Ich wusste, wenn ich wieder in die Region ziehe, bleibe ich." Vier Wochen später stand der Umzugswagen vor der Tür.

Seit 2012 prüft er nun Verträge und Vollmachten, begleitet Rechtsstreitigkeiten, klärt Betreuungs- und Erbfälle. „Auf meinem Schreibtisch findet jeden Tag demografischer Wandel statt", sagt Sebastian Kwaschnik, der täglich von Grabow nach Uelzen pendelt. „Manchmal freue ich mich daran, wie etwa die Plater Kirche im Schnee versinkt, unter dunklen Sturmwolken prächtig da steht oder alles um sie herum blüht." Und mit den Freunden philosophiert er über die Zukunft des Landkreises. – Sie meinen es ernst mit dem Landleben. „Ich genieße es, ein tatsächliches Leben zu leben und kein virtuelles", sagt Sebastian Kwaschnik. Was er selbst als Kind erleben durfte, möchte er jetzt an seine Söhne weitergeben. Vielleicht als ihr Fußballtrainer.

Sebastian Kwaschnik *1978, aufgewachsen in Clenze

Es ist nicht unbedingt der Arbeitsplatz, der die Menschen ins Wendland holt: Ob als Hobby oder Leistungssport – viele Sportvereine sorgen für Bewegung und für persönliche Verbindungen im Wendland. Wie kaum ein anderer Sport zieht der Handball junge Menschen im Südkreis an. Für ein Spiel der SG Südkreis pendeln viele auch später noch am Wochenende in den Landkreis. Die Vereine sind nicht selten Geburtsstätten Jahrzehnte währender Freundschaften.

Martha Quis, *1988, aufgewachsen in Mammoißel

Kleinbäuerliche Betriebe und regional agierende Vermarkter wie „Bio im Wendland" schaffen es, mit ökologischen und fairen, regional angebauten Lebensmitteln Ernährungssouveränität zurückzuerlangen. Damit tragen sie dazu bei, das Grundrecht auf Nahrung zu gewährleisten, das unter der Macht der Agrarkonzerne leidet. Seit nunmehr drei Jahrzehnten nehmen Betriebe wie diese ihre Grundbedürfnisse selbst in die Hand und bewirtschaften heute etwa elf Prozent der landwirtschaftlichen Fläche des Wendlandes unter ökologischen Vorzeichen. In Bundesdurchschnitt sind es erst sechs Prozent.

MARTHA QUIS

MARKTKULTUREN

Martha Quis liebt Sprachen und kennt viele schöne Orte. Sie lebte in Ungarn und der Türkei und bereiste auch andere Gegenden der Welt. Doch statt als Migrationsforscherin zu arbeiten, wurde sie im November 2015 Marktfrau und tritt in die Fußstapfen ihrer Mutter.

Die grüne Schürze um den Bauch gebunden, steht Martha Quis hinter kistenweise Gemüse und Obst. Am Marktstand von „Bio im Wendland" verkauft sie frische Eier, Milch, Käse, Wurst und die Ernte ihres Vaters. Sie berät Kunden, die ihre Freude kaum verbergen können: die wendländische Institution sei auf einem guten Wege in die Zukunft! Die junge Frau hat beschlossen, den von ihrer Mutter Annette Quis seit dreißig Jahren geleiteten Betrieb fortzuführen.

Am Marktstand der Quis' gibt es nicht nur biologische Produkte vom eigenen und befreundeten Höfen, es gibt dort auch ein Weltbild jenseits von Agrarkonzernen. Aus der Utopie von kleinbäuerlicher Landwirtschaft ist ein festes Standbein geworden, das die landwirtschaftliche Kultur des Wendlandes prägt. Die Pioniere aus „Hinterwalden", wie Martha Quis' Großvater das Wendland, in Anlehnung an den nordamerikanischen Schriftsteller Henry O. Thoreau, liebevoll nannte, machen sich unabhängig von den großen Handelswegen.

Martha Quis ist Migrationsforscherin. Angesichts der vielen Migrantinnen und Migranten in der Welt hätte sie gewiss einen sicheren Job in einer Ausländerbehörde oder einem Hilfswerk bekommen. Doch der 40-Stunden-Bürojob in einer Düsseldorfer interkulturellen Beratungsagentur ließ sie selbst die Flucht ergreifen vor miefigen Innenräumen und der Furcht, nur ein Rädchen im Getriebe des Systems zu sein, das sie doch gerade kritisiert. „Auf dem Markt sehe ich unmittelbar den Effekt meines Tuns", sagt Martha Quis. An den Grundfesten einer ökologisch-kleinbäuerlichen Landwirtschaft und den für sie zwingend dazugehörigen regionalen Vertriebsstrukturen will sie nicht rütteln. „Ich muss nichts Neues aufbauen. Stattdessen kann ich jetzt, wo meine Mutter ihr Schaffen aus Altersgründen langsam zurückschrauben muss, einen kleinen, aber gut etablierten Betrieb weiterführen", stellt sie fest. Bei der weiteren Entwicklung des Betriebs will sie eigene Schwerpunkte setzen. Die Fleisch- und Wurstproduktion gab sie in andere Hände, um sich ganz auf den Verkauf konzentrieren zu können, auch wenn das bedeutet, auf Einkommen zu verzichten.

Sie studierte Ungarisch, lernte Türkisch und nebenher ein wenig Estnisch und Russisch. Ob sie die Arbeit auf dem Markt mit dem Austausch zwischen den Kulturen verbinden kann, wird sich noch zeigen.

ESTHER KUNITZ

ZWISCHEN KINDERN UND KARTOFFELN

Esther Kunitz und ihre Familie managen Hochzeiten auf der Wiese und Familienfeiern auf dem Kartoffelhof in Saaße. Egal ob rauschendes Fest oder das Mittagessen im Kindergarten – immer braucht es gutes Essen aus der Region.

Als Kind staunte sie über die große gusseiserne Pfanne, in der ihr Vater auf den Jahrmärkten Bratkartoffeln zubereitete. „Niemand hätte damit gerechnet, dass ich auf unseren Kartoffelhof zurückkehren würde", sagt Esther Kunitz. Schließlich träumte sie lange davon, als Grafikdesignerin zu arbeiten. „Ich hatte mir den Job vielseitiger vorgestellt, als acht Stunden in einem Büro zu sitzen", gestand sie sich dann allerdings nach den ersten Gehversuchen ein. Also besuchte sie die Hauswirtschaftsschule in Celle und sattelte gleich noch ein duales Studium als Eventmanagerin in Düsseldorf oben auf. Während des Praktikums auf einem Käsehof im Kölner Umland lernte sie ihren heutigen Ehemann kennen. 2008, zwei Jahre später zogen beide auf den Hof der Familie Kunitz nach Saaße bei Lüchow.

Nach einem turbulenten Auftakt zeigte sich, dass ‚Vier Chefs auf einem Hof' keine so gute Idee ist. Mittlerweile sind die Aufgaben klar verteilt. Der Vater hat den Hut auf in puncto Landwirtschaft – Kartoffelanbau und Rinderzucht. Die Mutter bewirtet die Feriengäste, backt Brot und Kuchen. Esther und Tobias Kunitz leiten die Gastronomie, den Veranstaltungsservice, den Hofladen und das Catering. Montags und Dienstags ist bei Kunitz' seither Ruhetag. „Wir haben viele Ecken, wo wir uns zwischendurch einen Kaffee gönnen", erzählt Esther Kunitz. Das wissen auch ihre Gäste zu schätzen, die auf dem Hof zwischen rustikalen Blockholzmöbeln und Kübeln mit üppig blühenden Geranien, Stockrosen und Margeriten Feste feiern oder Urlaub machen.

Ihre Kartoffeln und ihr Fleisch verkaufen sie ebenso wie Produkte anderer Direktvermarkter in ihrem Lädchen im ehemaligen Kuhstall. „Wir unterstützen uns gegenseitig und machen uns auf diese Weise unabhängiger von den großen unübersichtlichen Wirtschaftskreisläufen", sagt sie.

Seit 2011 sorgt der Kartoffelhof in Kindergärten und Grundschulen im Landkreis fürs tägliche Mittagessen. Statt den Kindern Standardmenüs aufzutischen, experimentiert Esther Kunitz mit den alten Rezepten ihrer Großmutter. Auf dem Speiseplan stehen zum Beispiel Rote Bete-Schnitzel mit Ingwer oder selbstgemachte Pommes mit Kürbisketchup. Die Zutaten für ihre Gerichte sind nicht nur saisonal, sondern, wenn möglich, auch regional. Wendländisch eben – so wie alles bei den Kunitzens.

Esther Kunitz *1984, aufgewachsen in Saaße und Tobias Kunitz *1982, aus Solingen

Kartoffeln, Eier, Brot und Käse von nebenan – die vielen Hofläden und Direktvermarkter im Wendland zeugen von der gelebten Praxis der kurzen Wege. Sie halten die Wertschöpfung in der Region. Auf die regionale Verarbeitung und Vermarktung der Produkte setzt auch der konventionelle Familienbetrieb Kunitz, der seit 1850 existiert - in 5. Generation. Neben Landwirtschaft und Gastronomiebetrieb widmet sich Familie Kunitz heute auch verstärkt ihrem Bildungsauftrag. Sie kocht für Kinder und mit Kindern.

Janina Röhl *1980, aufgewachsen in Schnega

„Eigentlich braucht doch jedes Dorf so einen Laden", sagt ein Kunde der Röhls. In der Dannenberger Markthalle, im Lüchower Wendlandmarkt oder in den kleinen Bioläden – in der Region lebt die Dorfladenkultur in Bürgerhand vielerorts auf. Sie organisieren ihren Laden selbst und lassen auf dem Lande eine neue Nachversorgungskultur in Eigenregie entstehen. Ob auch der kleine Laden in Schnega sich als Alternative durchsetzen kann, liegt nicht nur bei Familie Röhl, sondern auch in der Hand der Swinmärker Bevölkerung.

JANINA RÖHL

JEDEM DORF SEINEN LADEN

Das Lebensmittelgeschäft Röhl in Schnega ist mehr als ein Laden, es ist ein Treffpunkt in der Swinmark. Janina Röhl wuchs mit diesem Urgestein ländlichen Einzelhandels auf und wächst nun in die Geschäftsführung hinein.

„Tach, Thorsten!" Janina Röhl begrüßt ihren Kunden und tippt die Preise für Katzenfutter, Milch und Butter in die Kasse. Wer den Laden zum ersten Mal betritt, ist überrascht, wie vielseitig er ist: Postannahme, Lottostelle, Getränkehandel, Käsetheke, Stehcafé und Lebensmittelgeschäft in einem. Völlig analog und offline, ohne Barcodes und ohne Website – so wie ihn die Röhls vor 22 Jahren übernommen haben.

Heute sind Tante-Emma-Läden fast ausgestorben, doch das Geschäft der Röhls hält sich wacker. „Die jungen Mütter genießen es, nicht mit dem Auto losfahren zu müssen. Den Älteren liefere ich die Ware zusammen mit meinen Kindern auch mal im Bollerwagen aus", sagt Janina Röhl. In Schnega wissen die Leute: Bei Röhls bekommen sie auch nach Ladenschluss noch eine Kiste Bier. Dass die Preise dort ein bisschen höher sind als in den Supermärkten, stört die wenigsten.

Nach der Ausbildung hat die Einzelhandelskauffrau selbst im Discounter gearbeitet. Mit Mitte Zwanzig wechselte sie ins eigene Geschäft. „Ich habe es nicht länger ausgehalten, im Akkord Paletten abzupacken und dabei kontrolliert zu werden, wieviele Artikel ich pro Minute übers Band ziehe", erzählt sie. „Bei uns ist es tausendmal familiärer." Ihre Kunden erzählen von den Enkelkindern, schreiben eine Karte aus dem Urlaub oder bringen frische Eier. „Das ist ja nicht nur ein Laden, das ist ein Treffpunkt", sagt Mutter Ute Röhl. Schon als Baby legte sie ihre Tochter mit einem Kissen in den Einkaufswagen und sortierte Ware ein. Mittlerweile ist Janina Röhl selbst zweifache Mutter und teilt sich die Verantwortung für den Laden mit der Mutter. Sie können davon leben, aber reich sind sie nicht.

Seit kurzem brutzeln bei Röhls zur Mittagszeit keine Frikadellen mehr. Der Verzicht auf die Frischfleischtheke ist der jüngste Tribut an den harten Konkurrenzkampf mit den Supermärkten und neue gesetzliche Auflagen. Dafür steht neben der gekörnten Brühe jetzt eine Tüte Bio-Sojageschnetzeltes, neben der Hausmacherleberwurst der vegetarische Brotaufstrich. „Wir nehmen auch immer mehr Produkte aus der näheren Umgebung in unser Sortiment auf", sagt Janina Röhl. Auf regionale Kreisläufe und ökologische Produkte zu setzen – darin sieht sie eine Chance, mit dem Laden auch in Zukunft zu überleben.

CARINA SCHMIDT

INNEHALTEN AUF DEM WASSER

Carina Schmidt aus Quickborn ist nicht nur die jüngste Schiffsführerin des Landkreises, sondern auch frisch ausgebildete Naturführerin. Angeheuert hat sie bei der Reederei Heckert. An Bord der MS Hecht erzählt sie ihren Gästen vom Zusammenspiel von Mensch und Natur im Biosphärenreservat Elbtalaue.

„Und wer fährt das Schiff?", fragt ein älterer Fahrgast, als er in Hitzacker an Bord der MS Hecht geht. Carina Schmidt schmunzelt. Schließlich ist sie die jüngste Schiffsführerin auf diesem Elbabschnitt. Sie manövriert die wendige Barkasse, Baujahr 1951, sicher flussabwärts. Von Tonne zu Tonne. Auch ohne Niedrigwasser gleicht die Ausflugsfahrt auf der Elbe einem Zickzackkurs.

Die zwei Schiffe der Rederei Heckert verkehren das ganze Jahr über zwischen den Häfen in Hitzacker und Dömitz, es sei denn, Hoch- oder Niedrigwasser machen die Fahrt auf der Elbe zum waghalsigen Abenteuer. Strömung, Strudel und Sandbänke einzuschätzen, das lernte Carina Schmidt während ihrer Ausbildung: „Einmal bin ich auf eine Sandbank aufgefahren, aber es ist nichts passiert."

Statt sich während der Elbausflüge bei einem Stück Kuchen und einem Pott Kaffee auf die Wegmarken der Geschichte unserer Republik zu beschränken, macht Carina Schmidt ihre Gäste seit Sommer 2015 auch auf die pitschnassen Kormorane auf den Buhnen aufmerksam. Und während die Graugänse in Schwärmen über das Schiff ziehen, Rotmilan und Kiebitz ihnen einen kurzen Besuch abstatten, erzählt sie bei ihrem Abstecher zum ehemaligen Industriehaften in Dömitz von der Deichrückverlegung bei Lenzen.

Vom Biosphärenreservat Elbtalaue ließ sich Carina Schmidt zur Natur- und Landschaftsführerin ausbilden. Die Vogelexkursionen, Bodenuntersuchungen und Diskussionen über das Eingreifen des Menschen in die Natur veränderten auch ihre eigene Sicht auf die Flusslandschaft. Statt Freizeitstress gibt sie ihren Gäste Gelegenheit, einen Moment inne zu halten. „Nach einer Abendfahrt sagte ein Gast zu mir: ‚Hier auf dem Schiff fällt mir erst auf, wie hektisch mein Leben sonst ist.'"

Während Carina im Sommer Ausflüge, Feste und Events auf dem Schiff organisiert, verbringt sie im Winter viel Zeit in der Werft: Rumpf reinigen, Öl wechseln, Propeller überprüfen. „Schon neben der Schule habe ich in der Reederei ausgeholfen und schnell gemerkt: die Arbeit auf dem Wasser gefällt mir!" Statt ihr Abitur zu machen, wollte sie direkt ins Berufsleben einsteigen. Aus dem Landkreis weg zu gehen, wie die meisten in ihrem Alter, kam und kommt für sie nicht in Frage.

Carina Schmidt *1993, aufgewachsen in Dannenberg

Das Biosphärenreservat Niedersächsische Elbtalaue ist eine von weltweit über 500 Modellregionen für nachhaltige Entwicklung. Sie ist Teil des länderübergreifenden Biosphärenreservats Flusslandschaft Elbe, das 1997 von der UNESCO ausgerufen wurde. Neben dem Schutz von Weißstörchen, Seeadlern und Bibern, Binnendünen und Auwäldern, zeichnet das 375.000 Hektar große Gebiet das Zusammenspiel von Mensch und Natur aus, inmitten einer in Jahrhunderten veränderten Landschaft. Ökologisch wirtschaftende Betriebe, Naturführungen des Besucherzentrums Biosphaerium oder der Elberadweg zeigen, wie zukunftsfähiges Leben am Elbstrom möglich ist.

Lennart Müller *1981, aufgewachsen in Hamburg

Theater- und Fernsehkünstler gründeten 2011 die Freie Bühne Wendland. Als Bühne ohne festes Haus nutzen sie die Orte, die ihnen die Region bietet: das Theater im Kulturverein Platenlaase, ein Ausflugsfloß auf der Elbe, die Aula der Schule, den kleinstädtischen Leerstand. So wächst in einer – räumlich gesehen – theaterfernen Region wie dem Landkreis Lüchow-Dannenberg eine lebendige und professionelle Theaterlandschaft jenseits großer Schauspielhäuser. Das mobile Theaterhaus erweitert das reiche Kulturleben im Wendland. Dorfbewohner und Kommunarden pflegen zahlreiche Treffpunkte heiteren Beisammenseins, laden ein zum Hofcafé, zur Scheunenparty, zu Pizzaabenden oder zur Dorfkneipe.

LENNART MÜLLER

„DER GEDANKE VOM ANDERS LEBEN IST HIER NICHT SO RICHTIG NEU“

Für Stadtkind, Umweltaktivist und Schauspieler Lennart Müller wird der Rundling Mammoißel zur Inspirationsquelle seines künstlerischen und politischen Schaffens. An seinem Wohn- und Wirkort stößt er auf fruchtbaren Boden, um Straßen, Schienen und Gesetzestexte zu blockieren und entdeckt seine Lust am Spielen wieder.

Vier Jungs aus der Stadt haben auf dem Resthof im 30-Seelen-Dorf Mammoißel einiges in Bewegung gebracht. „Wir wachsen, wo wir wollen" ist nicht nur das Motto ihres jungen Wunderpunktes während der Landpartie, sondern auch das ihres Wohnprojekts. Lennart Müller ist einer von ihnen. Er sagt: „Wir gehen eine Symbiose mit dem Ort ein."

Als er 2011 ins Wendland kam, arbeitete er für X-tausendmal quer und dann als erster hauptamtlicher Campaigner in der Bürgerinitiative Lüchow-Dannenberg. Nach der Reaktorkatastrophe in Japan reiste er nach Fukushima und vermittelte in Workshops sein Wissen über Sitzblockaden und das Mobilisieren von Menschen. In dieser Zeit wandelte sich auch das Gesicht der BI: Newsletter, Website, Facebook Auftritt. Er tat neue Möglichkeiten auf, Spenden zu akquirieren. „Du brauchst einen Telefonanschluss? Einen Elektriker? Kein Problem, der Widerstand hat seine Leute für alles", schmunzelt Lennart Müller. Nach drei Jahren muss er sich eingestehen: „Ich bin ein Aktivist, kein Schreibtischtäter." An den klassischen 40-Stunden-Job glaubte der Datenverarbeitungskaufmann da schon lange nicht mehr.

Stattdessen kam ihm seine Ausbildung an einer Hamburger Schauspielschule gelegen. Heute steht er für die Freie Bühne Wendland vor dem Publikum, performt „Bonnie und Clyde" im leerstehenden Lüchower Kaufhaus Hettig oder spielt mit beim Weihnachtsmärchen im Platenlaaser Kulturverein.

Wenn er nicht probt, hütet er die Schafe der Nachbarin. „Als Stadtkind hatte ich keine Ahnung, wie ich ein Schaf einfange und was es frisst", sagt Lennart Müller. Auch auf dem Hof ist immer etwas zu reparieren. Acht-Stunden-Schichten auf dem Kartoffelroder schiebt er aber nicht mehr, seit er weiß, dass er davon seekrank wird.

„Jetzt wo es keine Castor-Transporte mehr gibt, drohen die Menschen hier wieder in Parallelgesellschaften auseinanderzudriften", sagt er. Dem will er etwas entgegensetzen. Während der Kulturellen Landpartie präsentiert die Hofgemeinschaft Kunst und Komik im Wald. Eine Scheune wird zum Dancefloor, dazu die Keramik seines Vaters, eine Feuershow und selbstgemachte Gnocci. Und jenseits der Landpartie ist Mammoißel nun, seit 2015, auch Spielort für ein Theaterfestival.

ALEXANDRA UND RAINER SÜSSMILCH

DIE FAMILIE IM DORF LASSEN

Die Theaterschaffenden Alexandra und Rainer Süßmilch tauschten ihren Berliner Kiez gegen das Leben im Rundling. Im dichten Geflecht der Dorfgemeinschaft gedeiht auch das Familienleben prächtig.

„Donnerstags sitzen wir mit dem halben Dorf bei Gero zum Mittagessen", erzählt Alexandra Süßmilch. Gekocht wird, was gerade im Garten wächst. Zum Beispiel Spinatsuppe mit Parmesannocken, Kartoffel-Kohlrabi-Gratin, Salat, Klarapfel-Beeren-Sorbet zum Nachtisch. Manchmal fällt auch etwas aus ihrem kleinen Bioladen in Salderatzen ab. Wenn die Kinderschar danach durchs Dorf flitzt, immerhin vierzehn der vierundsechzig Dorfbewohner, gönnen sich die Erwachsenen noch in Ruhe einen Kaffee, bevor es zurück an den Schreibtisch, in den Stall oder den Laden geht. Am Ende jeder Mahlzeit legen alle etwas Geld in eine kleine Schatulle – Theaterschaffende, Künstlerinnen, Handwerker, Landwirte.

Alexandra und Rainer Süßmilch zogen 2010 mit ihren beiden Töchtern von Berlin nach Diahren. „Wir waren eine klassische Prenzlauer Berg Familie", sagt Alexandra Süßmilch, die nicht nur den Bioladen führt, sondern auch als Bühnenbildnerin arbeitet. „Schon morgens auf dem Weg zum Kindergarten sehnten wir uns nach dem Ausstieg aus dem täglichen Konsumhorror", erinnert sich Rainer Süßmilch, der als Musiker und Schauspieler an wechselnden Theatern auf der Bühne steht.

In der Diele ihres Fachwerkhauses gründete Alexandra Süßmilch eine Kinderkunstschule. An einem großen Holztisch experimentieren ihre drei eigenen Kinder und andere junge Dorfbewohner mit Farben und Materialien. Während der Kulturellen Landpartie finden dort Konzerte statt oder Talk & Musik in „Süßmilchs Salon". „Schön, dass sich hier nicht alle ununterbrochen über die Arbeit definieren", sagt Alexandra Süßmilch. Die runde Form des Dorfes fördert die Entwicklung hin zum Gemeinschaftlichen. Hinter dem Haus liegen Wiesen und Felder, im Baum hängt eine riesige Hängematte. Vorne spielt das Gesellige, das Öffentliche, hinten das Private.

Nebenan, vor dem Hof Nr. 6, stehen ausrangierte Polstermöbel, Holztische und Klappstühle. Sonntags stehen die Süßmilchs dort gelegentlich hinterm Tresen. Sie gehören einem Kollektiv von sieben Diahrenern an, die im Sommer ein Café mit selbstgebackenem Kuchen und Torten aller Art improvisieren. Ob Dorfkantine, Kunst mit Kindern oder Cafékollektiv – dieses Dorf ohne Durchfahrtsverkehr ist miteinander verwoben wie ein dicker Teppich. Von Tristesse in einer „strukturschwachen" Region ist in Diahren keine Spur. Ein Modell für andere Dörfer oder urbane Kieze?

Alexandra Süßmilch *1975, aus Mainz und Rainer Süßmilch *1968, aus Hannover, mit Mathilde, Greta und Beppo

Der eine macht den berühmten wendischen Schafsmilchlikör, zwei teilen sich einen Trecker, einige halten zusammen Schweine oder schlagen im Winter gemeinsam Holz für die Öfen. Das Dorf ist keine Kommune und keine Genossenschaft. Die Diahrener teilen weder Besitz, noch betreiben sie eine gemeinsame Ökonomie. Die Dinge werden nicht im Dorfplenum, sondern eher morgens an der Bushaltestelle besprochen. Kein einziges Haus steht mehr leer. Diahren ist längst nicht mehr das einzige Dorf in der Region, in dem das Zusammenleben funktioniert, ohne dass jemand dafür ein Konzept entwickelt oder ein Manifest verfasst hat.

Lena Geipel *1979, aufgewachsen in Göppingen

Erst im Sommer 2015 öffnete im Wendland noch eine neue Schule ihre Tore: Die Freie Morgenrotschule Wendland in Grabow arbeitet nach dem Prinzip des Freien Lernens. Sie folgt nicht einem einzigen pädagogischen Konzept, sondern bringt Ansätze wie die des Hirnforschers Gerald Hüther, der Lernpionierin Maria Montessori oder der Pädagogin Rebecca Wild zusammen. Ob Freie Waldorfschule, Lernlandschaften, Gesamtschule oder Freilerner – die Schullandschaft in und um Lüchow-Dannenberg ist vielfältig und schafft auch innerhalb vorgegebener Lehrpläne den Nährstoff, um selbstbestimmtes und kooperatives Lernen zu ermöglichen.

LENA GEIPEL

NÄHRSTOFF DER NEUGIERDE

Lena Geipel ist Waldorflehrerin an der Freien Schule Hitzacker. Ob an der Werkbank oder im Wald, sie begleitet ihre Schülerinnen und Schüler lieber mit den richtigen Fragen als mit vorgefertigten Arbeitsweisen.

Das kleine, freistehende Fachwerkhaus wird von den Dorfbewohnern liebevoll „Hexenhäuschen" genannt. Bis in die 1970er Jahre beherbergte es die Lehrerschaft der ehemaligen Dorfschule von Groß Heide. Die Schule gibt es schon lange nicht mehr. Dezentrales Lernen in kleinen Gemeinschaften wird angesichts schrumpfender Einwohnerzahlen und rationierter Fördertöpfe immer schwieriger. Doch seit dem Frühsommer 2015 wohnt in besagtem Häuschen wieder eine Lehrerin: Lena Geipel, Fachlehrerin an der Freien Schule in Hitzacker.

Den vielen Schulschließungen zum Trotz wächst im Wendland eine bunte und selbstbestimmte Lernlandschaft. Lena Geipel ist Teil davon. Sie unterrichtet Werken, Bildhauen, Kunst, Buchbinden und Kupfertreiben nach dem anthroposophischen Waldorfprinzip. Dabei kommt es auf Material und Werkzeuge, exaktes Arbeiten und neue Bewegungsabläufe an. Gleichzeitig öffnet das künstlerische Schaffen den Schülerinnen und Schülern jedoch Pforten zum eigenen Seelenleben und Empfinden. „Ich erlebe Kinder, die sehr wach sind, was die Fragen dieser Zeit angeht, ob politischer, wirtschaftlicher, religiöser, sozialer oder kultureller Art. Manchmal fragen sie mich: ‚Wie sollen wir das aushalten, was da auf uns zukommt? Wie sollen wir damit umgehen?'" Lena Geipel versteht sich als Lernende und als Begleiterin der jungen Menschen. „Hier im Wendland, an dieser Schule, ist kreatives, selbstbestimmtes Arbeiten in einer gewachsenen und wachsenden Gemeinschaft möglich", sagt sie.

Nach ihrem Kunststudium lastete der Druck auf ihr, sich als Künstlerin vermarkten zu müssen. Also kehrte sie der Wirtschaft den Rücken, wurde diplomierte Waldorflehrerin, zunächst am Bodensee, wo sie bis zum Frühjahr 2015 lebte, als Klassenlehrerin in einer der ältesten Steiner-Schulen des Landes.

Dann zog Lena Geipel mit ihrem Mann, der eine leitende Anstellung im Dannenberger Krankenhaus fand, nach Lüchow-Dannenberg, wo es alles gab, wonach das Paar suchte: bezahlbaren Wohnraum, erfüllte Jobs – auch der Eigenversorgerhof blieb nicht länger ein Traum. Lena Geipel verzichtete auf eine Vollzeitstelle, um die kleine Hofstelle zu bewirtschaften, hütet jetzt nebenbei sieben Schafe und heckt mit leuchtenden Augen neue Pläne aus: sie will imkern und in Groß Heide Bienen ansiedeln.

NIKO MAURER

IM WIDERSTAND BERÜHMT GEWORDEN

Für Madsen wurde das Wendland das Tor zur Welt. Mitten im großen Fantrubel zog es ihren Bassisten Niko Maurer zurück in den Südkreis. Heute macht er das, was er immer liebte.

Als Schüler gab es für ihn nichts Schöneres, als zusammen mit seinen Klassenkameraden Krach zu machen. Im Musikunterricht an der Clenzer Drawehn-Schule träumte Niko Maurer mit Sebastian, Sascha und Johannes Madsen vom großen Publikum. Sie nannten sich „Alice's Gun" und später „Hoerstuatz" und richteten sich mit ihren punkigen Texten gegen Gewalt und Diskriminierung. Schon bald spielten sie nicht mehr nur in der Schulaula und auf Happy Bade Diskos in den lokalen Freibädern, sondern auch auf den Kundgebungen der Anti-Atom-Demos vorm Zwischenlager in Gorleben. Lieder wie „Du schreibst Geschichte" oder „Die Perfektion" verhalfen ihnen zum Durchbruch. Trotzdem sagt Niko Maurer, der als Dreijähriger mit den Eltern aus Berlin ins Wendland zog: „Wir sind keine hochpolitische Band."

Erster Höhepunkt der Bandkarriere: 1997 gewannen Bassist Niko und die Madsenbrüder den Local Heroes Wettbewerb in Platenlaase. „Ich war total überrascht und mächtig stolz", sagt er. Damals sehnte er sich nach einer ernst zu nehmenden Dorfdisko und suchte nach dem Abitur und dem Zivildienst das Weite. Das Informatikstudium in Braunschweig brach er nach einem Jahr ab, zog nach Magdeburg und versuchte es mit Computervisualistik. Doch in den Vorlesungen wartete er nur darauf, mit seinen Jungs im Prießecker Probenraum wieder Musik machen zu können. Irgendwann dauerte sein Wochenende im Wendland von Mittwoch bis Montag. Nach zwei Jahren nahm er endgültig Reißaus vom akademischen Leben und zog zurück ins Wendland. „Ich habe gemerkt: Musik macht man mit Leib und Seele, oder man kann es gleich lassen."

Heute lebt Niko Maurer wieder in Clenze, geht dem Vaterleben nach und schiebt den Sohnemann im Kinderwagen durchs Dorf. „Nach zwei Wochen auf Tour und im Mittelpunkt, fällt man in ein Loch. Da will ich mich einbunkern. Hier kann ich drei Stunden spazieren gehen, ohne jemanden zu treffen", sagt der Musiker, der sich selbst als den ruhigen Pol in der Band bezeichnet.

„Dass man euch hier noch trifft!" freuen sich die Leute auch auf dem Schützenfest. „Die Jungs sagen immer: ‚Du wirst mal Bürgermeister von Clenze.' Da glaub ich aber noch nicht dran", sagt er, zieht an seiner E-Zigarette und schaut auf sein Gewächshaus, in dem prächtige Tomaten und Chilies wachsen.

Niko Maurer *1981, aufgewachsen in Clenze, mit Henri

Die Band ist in der Region groß geworden. Für ihre Auftritte probt sie bis heute in dem kleinen Studio im Prießecker Elternhaus der Madsenbrüder. Hier können sie laut sein und sparen die teure Miete der Stadtstudios.
Nach einem geplatzten Plattenvertrag gelang der Band 2005 der Durchbruch. Die renommierte Plattenfirma Universal nahm sie unter Vertrag. Noch im selben Jahr spielten sie 120 Konzerte. Aufnahmen, Fotoshootings, Interviews und Auftritte bestimmen seither den Alltag der Lüchow-Dannenberger Musiker. Wie viele andere junge Menschen im Landkreis durchliefen sie zu Schulzeiten eine musikalische Grundausbildung. Einrichtungen wie die Jugendmusikschule, Jugend musiziert oder Musikzüge in den Schulen sorgen für die hörbare Vielfalt in der Region.

KULTURELLE LANDPARTIE – WIDERSTAND VERBINDET

Jedes Jahr zwischen Himmelfahrt und Pfingsten zieht es viele tausend Menschen ins Wendland. Sie alle wollen durch blühende Wiesen und Felder von Dorf zu Dorf radeln, auf privaten Höfen Ausstellungen, Lesungen, Konzerte oder Filme miterleben, sich an Kunsthandwerk erfreuen und selbstgebackenen Kuchen essen. Kurz: sie wollen teilhaben an einer in dieser Form einzigartigen Veranstaltung – der KLP, der „Kulturellen Landpartie".

Die „Kulturelle Landpartie – Wunderpunkte im Wendland" gibt es seit 1990. Sie wird basisdemokratisch organisiert, vollständig eigenwirtschaftlich finanziert und unterhält ein Büro. Es gibt einen Rat und einen Verein, aber alle Belange werden gemeinschaftlich im Plenum entschieden. Jeder Veranstalter ist seines Glückes Schmied und für alles Tun auf seinem Hof selbst verantwortlich. Kunst in Kröte, die Bülitzer Hofspiele, die Dorfausstellung in Diahren, eine Werkstattausstellung in Gedelitz, das „Leben hinter dem Verladekran" in Breese in der Marsch oder der „Nachtpunkt" Neu Tramm: der „Reisebegleiter" präsentiert circa 100 Veranstaltungsorte und wirbt mit annähernd 1000 unterschiedlichen Veranstaltungen, aus denen jeder Besucher sich sein individuelles Reiseprogramm selbst zusammenstellen kann.

Die KLP versteht sich als Teil des bunten Widerstands, der sich gegen die Nutzung der Atomenergie und die Atomanlagen in Gorleben zur Wehr setzt und das nun schon seit rund vierzig Jahren. Gemeinsame Aktionen, gemeinsame Erlebnisse schaffen eine Basis, Lust und Frust lagen und liegen dabei oft dicht beieinander – aber Widerstand verbindet.

Auslöser für die „Wunde.r.punkte" war der Wunsch, die öffentliche Wahrnehmung: „Gorleben, das ist da, wo ein paar arbeitslose Chaoten in einer nahezu unbewohnten Gegend gegen die Lagerung von Atommüll demonstrieren!" zu verändern. Kunsthandwerkerinnen, Künstler, Lebenskünstler, Bewegte und Unentwegte, Biolandwirte, Pastorinnen und so weiter – wollten sich, ihre Arbeit und ihr Leben vorstellen, die wunderbaren und die wunden Punkte des Wendlandes sichtbar machen und so Freunde und Fürsprecher gewinnen für unsere Sache.

Seitdem haben sich weitere Künstler, Kunsthandwerker und Lebenskünstler hier niedergelassen. Die Offenheit der Landwirte und der gemeinsam getragene Widerstand haben die Integration von Zuzüglern erleichtert. So ist die „Kulturelle Landpartie" neben allem anderen zu einem Treffpunkt für Menschen geworden, die Gleichgesinnte suchen.

Viele Lüchow-Dannenberger sind stolz auf „ihre" KLP und laden Freunde und Bekannte gerne zwischen Himmelfahrt und Pfingsten ein. „Bis nächstes Jahr auf der Landpartie", heißt es auch bei vielen Freundeskreisen, die sich immer wieder im Wendland treffen und so zu Verbündeten einer gemeinsamen Sache geworden sind.

ÜBERRASCHENDE VIELFALT

„Ist es nicht zu einsam hier?" ist eine häufig gestellte Frage von Besuchern, die kaum glauben können, welche Vielfalt an Veranstaltungen jenseits der Kulturellen Landpartie geboten wird.

Der Westwendische Kunstverein Gartow präsentiert im Zehntspeicher und der KUNSTkammer internationale Kunst. In der nahegelegenen Seegeniederung kann man Skulpturen erkunden, die in Projekten des Vereins entstanden sind. In Damnatz hat das Bildhauerehepaar Müller-Klug seinen Garten in einen Skulpturenpark verwandelt. In Hitzacker zeigt der Kunstverein den Skulpturenpfad „STATTMÖBEL" und wechselnde Ausstellungen im Oktogon. Die „Wendischen Dialoge" in Trebel wollen mit künstlerisch-philosophischen Denkansätzen kreative Impulse setzen. Die dreizehn Museen des Museumsverbundes bieten Einblicke in verschiedene Aspekte der Regionalgeschichte. An vielen Veranstaltungsorten finden Lesungen statt. In der Niedersächsischen Stipendiatenstätte Künstlerhof Schreyahn gibt es den „Kultur-Frühling-Schreyahn", in Salderatzen das Kurzfilmfestival „Wendland Shorts".

An vielen Orten wird musiziert, von professionell bis provinziell, in Blaskapellen, Chören, in Kammer- und Symphonieorchestern. Das Langendorfer Mandolinenorchester geht auf Konzertreise nach Japan, die Schüler der Musikschule holen bei den Landes- und Bundeswettbewerben erste Preise, und das internationale Orchestercamp ist regelmäßig ausgebucht. Geht es um Kulturangebote für Kinder, locken auch die Tanz- und Theatergruppen, die Schreibwerkstatt, die Kinderkunstschule und die vielen Sportvereine mit ihren differenzierten Angeboten.

Musik liegt in der Luft: zum Beispiel bei den „Musiktagen Hitzacker", einem seit 1947 bestehenden Festival für klassische Musik. Der Pianist Prof. Arkadi Zenzipér lädt Musiker aus aller Welt zu den „Schubertiaden" nach Schnackenburg ein, um mit ihnen gemeinsam zu musizieren. Dr. Ernst-Helmut Flammer organisiert in Tolstefanz eine Konzertreihe „Neue Musik". „Wendland Jazz" bereichert die Region mit den Farben des Jazz und Blues in Gedelitz. Kurz: Das Kulturangebot ist so üppig und vielfältig, dass Kulturinteressierte, selbst bei größter Anstrengung, nicht alle Angebote wahrnehmen können.

Und was gibt es für junge Leute? – eine Disco in Dannenberg. Hier setzt man auf Eigeninitiative. Donnerstags ist Meuchefitz angesagt, samstags Konzerte im Raum2 in Neu Tramm. Das Café Grenzbereiche in Platenlaase bietet ein vielfältiges Kulturprogramm. Über Facebook organisieren einzelne Cliquen ihren Event: die „Goa-Party" in der Kieskuhle oder die Freiluftveranstaltungen „Landluft bassen". Das sind Freuden in der Provinz.

MACH
WAS GEGEN
LEER!
07.-09. MAI
LÜCHOW
BRITTA LÜPKE

GRÜNE WERKSTATT WENDLAND

Wir haben uns das Image einer kreativen Region erarbeitet, darauf sind viele im Wendland richtig stolz. Junge Kreative zu begeistern, die Stärken zu stärken und Cluster zu bilden, ist die Vision. Die Grüne Werkstatt öffnet das Tor zu Unis und zur regionalen Wirtschaft. Die Erfolge können sich sehen lassen. Ein Beispiel:

DESIGN CAMP AUF DEM WERKHOF KUKATE

Siebzehn junge Studierende und Absolventen der Kunst- und Designhochschulen aus Halle, Kiel, Hamburg, Bremen, Hildesheim, Berlin lesen die Aufgabenstellungen regionaler Firmen und Institutionen. „Welche Ausstellungskonzepte würden mehr Besucher für das Museum Wustrow begeistern?"– „Wie könnte man Lüchow als lebendige Einkaufsstadt attraktiver gestalten?" – „Wie sehen Produkte aus, die Jugendliche motivieren, neue Fähigkeiten zu erlernen?" – „Was lässt sich aus den MDF-Plattenresten der Firma Werkhaus herstellen?" – „Wie bringt man ‚krummes' Gemüse aus dem Wendland auf den Markt?" undsoweiter! ... Spannende Fragen, bei denen die Auswahl schwer fällt.

Bei der Erkundung der Region, mit all ihren Besonderheiten und Eigenarten, und dem Besuch ausgewählter Betriebe – allgemeines Staunen: „Es ist ja richtig aufregend hier! – Das sind ja spannende Firmen, und die Menschen sind so freundlich und offen!" Kaum einer der Studierenden war je vorher im Wendland.

Dann geht es an die Arbeit: Professionelle Coaches stehen beratend zur Seite. Die Köpfe glühen bis tief in die Nacht, zum Ausklang ist Lagerfeuer unterm Sternenhimmel angesagt. Beim Wendlandbräu geht es um Zukunftsfragen: „Wie möchte ich leben? Wie möchte ich arbeiten? Wie können wir die Welt besser, schöner und gerechter machen?"

Zur Präsentation nach zwei Wochen intensiver Arbeit kommen zahlreiche interessierte Besucher. Einige der Ideen werden von den Firmen aufgenommen – ein erster Auftrag für die Studierenden. Für manche auch ein Grund zum Bleiben. Junge Menschen braucht das Land!

KREATIVE NETZWERKE BRAUCHEN EINE VERORTUNG

Eine Vision der Grünen Werkstatt ist es, in der Alten Post in Lüchow einen Treffpunkt zur Informations- und Kontaktvermittlung zu schaffen mit Arbeitsplätzen für Co-worker und Start-ups und einer Werkstatt zur Projektumsetzung. Die ersten Co-worker sind schon da, die Firma WERKHAUS hat hier ihr Entwicklungsbüro für ihre ‚Outsider'-Produkte. Und es ist noch viel Platz für neue Ideen und Taten!

STARKE PARTNER FÜR DIE NATUR

Wendland – Deutschlands grünes Herz! – Zu Zeiten des Eisernen Vorhangs war das Wendland das Land am Rand. Zonenrandfördergebiet. DAN – Die Armen Nachbarn. Und auch vorher schon sind alle großen wirtschaftlichen Entwicklungen hier vorübergezogen, ohne tiefgreifende Spuren zu hinterlassen. Dadurch haben sich Strukturen erhalten, die in anderen Regionen längst der modernen Industriegesellschaft zum Opfer gefallen sind. Heute nun entpuppt sich diese scheinbare Rückständigkeit als das eigentliche Kapital der Region. Lüchow-Dannenberg als Sehnsuchtsort vieler Großstädter und Studienobjekt zahlreicher Hochschulen mit zukunftsorientierten Studieninhalten.

300 Dörfer, davon 80 Rundlinge. Um ihre einzigartige Baustruktur zu erhalten, wurde für 15 ausgewählte Rundlinge ein UNESCO Welterbeantrag gestellt. 50% der Fläche unterliegen einem Naturschutzstatus. So schützt die Niedersächsische Elbtalaue als Teil des UNESCO Biosphärenreservates Flusslandschaft Elbe weite Teile der Elblandschaft nach einem abgestuften System: echte Naturschutzgebiete, Landschaftsschutzgebiete oder Arcale, geschützt nach der EU Richtlinie „Flora Fauna Habitat". Und dann gibt es noch den Naturpark Elbhöhen-Wendland, einen von ca. 70 Naturparks, die wir in Deutschland haben.

Die Liste der Institutionen, die sich hier um Naturschutz kümmern, ist lang. Jede hat ihren eigenen Schwerpunkt. Mit dabei sind der NABU Lüchow-Dannenberg, der BUND Lüchow-Dannenberg, der Botanische Arbeitskreis Lüchow-Dannenberg, die Avifaunistische Arbeitsgemeinschaft und die AGUBE – Arbeitsgemeinschaft Umweltbildung an der Elbe. Der Landschaftspflegeverband Wendland-Elbetal e.V betreut das Projekt „Route der alten Obstsorten im Wendland", der Bio-Streuobstverein Elbtal e.V. sorgt für die entsprechende Bio-Zertifizierung. Der Verein für Naturkunde Lüchow e.V. hat sich naturkundlichen Veranstaltungen verschrieben. Der Förderverein der Arche-Region e.V. führt die Menschen zusammen, die sich um aussterbende Haustierrassen kümmern. Die Karl-Kaus-Stiftung hat den Fledermausschutz zum Ziel und die The Stork Foundation das Management des Wiesenvogelschutz-Projekts. Artenreich Höhbeck e.V. und die Loki-Schmidt-Stiftung haben Flächeneigentum auf dem Höhbeck und bewirtschaften diese. Über allem steht das Niedersächsische Umweltministerium mit seinen nachgeordneten Behörden, ein ausführendes Organ vor Ort ist die Biosphärenreservatsverwaltung.

Die Natur scheint also gut geschützt, sollte man meinen. Und doch prägt auch hier die industrielle Landwirtschaft das Bild, und die Konflikte zwischen Landwirtschaft und Naturschutz prallen hart aufeinander, so wie überall. Allerdings, im Wendland spricht man miteinander, sitzt in Arbeitskreisen am runden Tisch und sucht gemeinsam nach Lösungen.

UNSERE EMPFEHLUNGEN

... sind subjektiv und unvollständig und können der Fülle der Angebote und Möglichkeiten nicht gerecht werden – selbst wenn wir mehr Seiten zur Verfügung hätten. Immerhin zeigen sie das breite Spektrum der Aktivitäten, die sich in dieser doch recht kleinen Region etabliert haben.

Freie Schule HITZACKER

Freie Schule Hitzacker
Hagener Weg
29456 Hitzacker/Elbe

Fon 05862 5252
www.freieschulehitzacker.de

Die Freie Schule Hitzacker ist eine Gesamtschule, die auf der Grundlage der Pädagogik Rudolf Steiners arbeitet. 1993 gegründet, hat sie inzwischen 300 Schüler, die gemeinsam mit 25 Lehrern ganzheitlich lernen. In jeder Alterstufe werden neben dem Unterricht verschiedene Projekte durchgeführt, durch die vielfältige Lebenserfahrungen gesammelt werden.

KULTURVEREIN platenlaase CAFÉ GRENZBEREICHE

Kulturverein Platenlaase
Platenlaase 15
29479 Jameln

Fon 05864 558
www.platenlaase.de

Der Kulturtreff in der Region! Mit Café/Kneipe, Programmkino, Live-Musik, Tanz, Theater und Kabarett. Probenort für Chöre, verschiedene Tanz-, Theater- und Jugendprojekte, Treffpunkt politischer Gruppen.
Schöne Künstlerwohnung, sowie Veranstaltungs- und Proberäume, auch für eigene Workshops, sind zu vermieten.

der Laden
Lebensmittel
bio und regional

Der Bio Laden in Salderatzen

Salderatzen 6a
29496 Waddeweitz

Mo/Mi/Fr 10.00 - 18.00 Uhr
Samstag 10.00 - 13.00 Uhr

Anfang 2014 übernahm Alexandra Süßmilch den kleinen Bio-Hofladen. Im Bemühen um Nachhaltigkeit setzt sie vor allem auf regionale Biolebensmittel und unverpackte Waren – von Müsli bis Waschmittel, versucht Abfall zu vermeiden und tüftelt an der Gestaltung von Produkten aus gebrauchten Pappkartons. Und wer auf ihrem Sofa verschnaufen möchte, bekommt auch einen Kaffee gekocht.

Bürgerinitiative Umweltschutz Lüchow-Dannenberg

Bürgerinitiative Umweltschutz Lüchow-Dannenberg e.V.
Rosenstraße 20
29439 Lüchow

Fon 05841 4684
www.bi-luechow-dannenberg.de

Die Bürgerinitiative Umweltschutz Lüchow-Dannenberg ist eine Institution. Regional verankert, überregional und international gut vernetzt, kämpft sie für eine Zukunft ohne Atomanlagen.
Der wunde Punkt in der Region heißt Gorleben. Kreativ und einfallsreich ist der Protest, um das Endlager im Salzstock Gorleben zu verhindern.

Wendlandbräu

Kussebode 10
29459 Clenze

Fon 05844 9767757
Mobil 0170 593 66 02
www.storchenbier.de

„Craft"-Bier? – bei Wendland Bräu wird tatsächlich handwerklich gebraut – wie vor 100 Jahren. Hopfen & Malz stammen aus ökologischem Anbau, und die Biere werden weder filtriert noch pasteurisiert. Nur so bleibt der volle Geschmack erhalten. Wendland Bräu Pils (demeter), Festbier (Typ Märzen bio) und Hefe-Weizen (dunkel, bio) gibt es in ausgewählten Gasthäusern der Region und direkt aus der Brauerei in Kussebode.

Holzvolk
Holzwerkstatt Hohenvolkfien GmbH
Hohenvolkfien 1a
29496 Waddeweitz
Fon 05849 971801
www.holzvolk.de

Wir sind Zimmerleute und Tischler, die sich dem traditionellen Handwerk verpflichtet fühlen und für modernen Holzbau aufgeschlossen sind.
Wir denken regional und nachhaltig und versuchen unser Holz lokal zu werben und schneiden zu lassen. Wir achten auf wirtschaftlichen Einsatz von Material, Energie und Arbeitskraft.

Werkhof Kukate

Kukate 2
29496 Waddeweitz

Fon 05849 468
info@werkhof -kukate.de
www.werkhof-kukate.de

Seit 1976 werden hier zahlreiche Kurse im Bereich Handwerk und Kunst, sowie die Aus- und Fortbildung für Handweber angeboten. Gut ausgestattete Werkstätten zum Weben, Goldschmieden, Tischlern, Töpfern stehen zur Verfügung.

Der Werkhof ist die Wiege der Kulturellen Landpartie und Veranstaltungsort der Design Camps der Grünen Werkstatt Wendland.

Werkhaus Outsider
WERKHAUS Design
+ Produktion GmbH
Salzwedeler Str. 13
29439 Lüchow

Fon 05841 9761151
www.werkhaus.de

Werkhaus Outsider entwickelt im Alten Postamt in Lüchow Produkte und Möbel für ein entspanntes Leben, drinnen und draußen. Alle Materialien sind unter strengen Nachhaltigkeitskriterien ausgewählt. Gearbeitet wird mit Stoffen, die GOTS und EU-Ecolabel zertifiziert sind. Das Holz stammt aus zertifizierter Forstwirtschaft. Für Möbel im Außenbereich wird Douglasienholz eingesetzt, sodass komplett auf Tropenhölzer verzichtet werden kann.

Nya Nordiska Textiles GmbH

An den Ratswiesen
29451 Dannenberg

Fon 05861 8090
www.nya.com

Nya Nordiska ist ein international führender Textilverlag mit Tochtergesellschaften in Paris, London, Como und Tokyo. Seit 1964 werden hochwertige Dekorations- und Möbelbezugsstoffe entworfen und verlegt. Nya Artline sowie die textilen Wandpaneele Nya Walls ergänzen die Produktpalette.
Für sein erstklassiges Textildesign und dessen anspruchsvolle räumliche Inszenierung wurde Nya Nordiska bisher mit 330 Auszeichnungen prämiert.

Kulturbarbarei
ein Projekt
des Möbelhauses WÖM

Am Rott 1
29439 Lüchow OT Grabow

www.woem.europa-moebel.de
www.kulturbarbarei.de

Kunst, Kultur und Kulinarik – und das mitten im Nirgendwo. Die Kulturbarbaren setzen in dem kleinen Dörfchen Grabow im Wendland auf Unterhaltung mit bestem Niveau: ein lebendig-spannendes Kulturprogramm aus Konzerten, Lesungen, Vorträge und Theater mit exklusivem Essen und cremigem Kaffee in einer gemütlich-modernen Atmosphäre zum Mitnehmen. Jedes Möbel des Möbelhauses wöm kann direkt während des Cafébesuches erworben und mit nach Hause genommen werden.

---

echt.land
ein Projekt der
Ziegler Internetagentur

Dickfeitzen 13
29496 Waddeweitz

www.echt.land

„echt.land" bringt Händler und Produzenten ins Internet. Eine Plattform, die neben einem virtuellen Einkaufscenter Unternehmer, Kultur, Landschaft und Menschen gleichermaßen präsentiert. Was zählt, ist die Qualität des Angebots.

Beteiligen können sich Anbieter aus allen Regionen. Gestartet wird mit der Region zwischen Scharnebeck und Schnackenburg, zwischen Amt Neuhaus und dem Lemgow.

Alte Haus Verlag
Christian Behning

Bahnhofstraße 1
29479 Jameln

www.landluft.biz

Einmal im Jahr Landluft aus dem Wendland schnuppern. Das Magazin ist, den Machern zufolge, eine echte Liebeserklärung aus dem Wendland an das Wendland. Für alle, die dort leben, und alle, die es kennenlernen möchten.

Macher sind die Mitglieder des „Kreativ-Pools" aus Journalisten und Künstlern, der sich regelmäßig im „Alten Haus" in Jameln trifft.
Das Restaurant gehört dem Herausgeber, Christian Behning.

·COLOS·SILO·

DANKE AN ALLE, DIE ZUM GELINGEN DIESES BÜCHLEINS BEIGETRAGEN HABEN.

Wer auf's Land zieht, der will doch seine Ruhe haben! – So meinen viele. Deshalb danken wir den vorgestellten Personen für ihre Offenheit und Bereitschaft, sich mit ihrem privaten Engagement zur öffentlichen Person zu machen. Ein Schritt, der Mut, Selbstvertrauen und Anerkennung verlangt.

WIR DANKEN DEN SPONSOREN DIESES BUCHES

NIEDERSÄCHSISCHE BINGO-UMWELTSTIFTUNG

ROTARY CLUB LÜCHOW-DANNENBERG

SPARKASSE UELZEN LÜCHOW-DANNENBERG

KVAK E.V. · KRÖTE

MANFRED CUNO · GRAFISCHES CENTRUM CUNO

... last not least den Firmen und Institutionen und Personen, die mit ihren Vorbestellungen zur Finanzierung beigetragen haben.

Idee · Michael Seelig · Kukate

Text · Anja Humburg · Holzen

Fotos · Annett Melzer · Breselenz

Layout · Irmhild Schwarz · Kröte

Textredaktion · Ebi Naumann · Granstedt

Druck · Grafisches Centrum Cuno GmbH & Co. KG · Calbe

Herausgeber · Grüne Werkstatt Wendland
Michael Seelig · Kukate 2 · 29496 Waddeweitz
www.gruene-werkstatt-wendland.de

Wir danken für die zur Verfügung gestellten Fotos

Arne Seifert · S. 50 / Hans Schlimbach · S. 53
Markus Wittstamm · S. 57 / Gudrun Schwarz · S. 67 / Kerstin Handau · S. 67

1. Auflage 2016 · · ISBN 978-3-935971-83-6

MIX
Papier aus verantwortungsvollen Quellen
FSC® C043106
www.fsc.org

GEDRUCKT AUF **GARDAPAT 13 KIARA**